Fire&Ice

Band 5.5

Jack Dessen

Allie Kinsley

Cover Foto: bigstockphoto.com, Wisky

Lektorat: Brunhilde Witthaut

ISBN: 1500984108
ISBN-13: 978-1500984106

1 WER BIST DU DENN

JACK

Boston war definitiv eine Stadt, an die Jack sich gewöhnen könnte. Alles hier war ganz anders als in Deutschland. Doch die wichtigste Konstante in seinem Leben war gleich geblieben. Alexa. Besser konnte es eigentlich nicht laufen!

Sie waren jetzt gerade eine Woche in Amerika und den ersten Tag in Boston. Die Firma, in der Brandon, Alexas Lebensgefährte, arbeitete, gefiel Jack ausnehmend gut. Das Gebäude war ein imposanter Glasbunker und beherbergte neben JB-Industrials auch mehrere Wohnungen für die Mitarbeiter.

Die Firma gehörte Ryan Black, den sie vom Mittelalterfestival in Talin kannten. Jedes Jahr waren sie dort zusammen mit ihrer Gruppe, den Setarips, für 14 Tage. In diesem Jahr hatten sie sich zum ersten Mal mit einer anderen Gruppe zusammengetan.

Begonnen hatte dieser Zusammenschluss bereits im Jahr zuvor, als Sky, eine langjährige Freundin, eine Affäre mit Ryan hatte.

Ryan war nicht nur der Chef von JB-Industrials, sondern auch Mitglied der Gruppe Fire&Ice, die mit ihrer Feuerspuckershow jedes Jahr in Talin auftrat.

Die Gruppen vermischten sich von Treffen zu Treffen mehr. Immer mehr der Mitglieder hatten in der anderen Gruppen ihren Partner gefunden.

Er nicht.

Ist ja auch schwierig, wenn Fire&Ice nur aus Männern besteht! … Vielleicht ist ja einer für Jonas dabei, dachte er und lächelte über seinen eigenen Gedanken. Er war rundum zufrieden mit seinem Leben und hatte keinerlei Interesse an einer festen Beziehung.

Eigentlich war sein Leben mit Alexa perfekt gewesen. Sie waren wie für einander bestimmt … nur eben sexuell nicht.

Aber so genoss er alle Vorzüge einer festen Beziehung mit seiner Seelenverwandten und gleichzeitig das abwechslungsreiche Sexualleben eines Singles.

Leider hatte Alexa vor drei Monaten ihren Seelenverwandten inklusive perfektem Sexleben gefunden. Alexa und Brandon zogen das gesamte Beziehungsprogramm gerade im Schnelldurchlauf ab.

"Also dann, auf zu Sky", sagte Alexa und erhob sich schwerfällig auf ihre Krücken.

Jack kannte sie bereits lange genug, um zu sehen, dass sie beim Gehen an den Krücken deutlich Schmerzen hatte. Er wusste aber auch, dass er dieses Thema in einer ruhigen Minute und unter vier Augen ansprechen musste.

In bestimmten Beziehungen, gerade, wenn es um das Thema Bevormundung ging, musste man sie mit Samthandschuhen anfassen.

Bran auf die Fährte ihrer kaputten Handgelenke zu locken, war alles andere als eine gute Idee.

Brandon Hill war überfürsorglich und Jack kam sich manchmal so vor, als bestünde sein Leben nur noch daraus, zwischen den beiden zu vermitteln und ihnen aus dem Weg zu gehen, wenn sie sich versöhnten.

Der Weg zu Sky war Gott sei Dank nicht allzu weit, sodass er das Elend, das Alexa darstellte, nicht lange ertragen musste.

Nach dem Verlassen des Aufzugs betraten sie durch eine große Glastür einen Vorraum, von dem aus mehrere Bürotüren abgingen. In der Mitte des Raumes stand ein großer Schreibtisch, hinter dem eine kleine blonde Schönheit saß.

Mann oh Mann … heiß!!

Das Lächeln, das auf ihrem hübschen, runden Gesicht lag, war echt und ansteckend. Ein Lächeln, wie er es meist nur von Alexa kannte. Es war nicht affektiert oder aufgesetzt, sondern strahlte von innen heraus.

Sie stand auf und kam um den Tisch herum. Sie war klein. Maximal einen Meter fünfzig. Ihre kinnlangen blonden Locken wippten bei jedem Schritt um ihre vollen Wangen.

Sie war herrlich weiblich und hatte Kurven an den richtigen Stellen. Sie eilte zielstrebig auf Brandon zu und ihre vollen Brüste bewegten sich bei jedem ihrer Schritte ein klein wenig auf und ab. Wie magisch wurde sein Blick erst von ihnen, dann von ihren weich schwingenden Hüften angezogen.

Heilige Mutter Gottes. Ein echtes Prachtweib!

Wenn er könnte, würde er sie auffordern, sofort zurück zum Tisch zu gehen, damit er auch diesen göttlichen Hintern schwingen sehen konnte.

"Guten Morgen! Mr. Hill, was treibt Sie zu uns?", fragte sie und schüttelte seine Hand. Sie blickte lächelnd zu Bran hinauf.

Zu sehr lächelnd. Sie sollte ihn so anlächeln. Nicht Brandon! Reichte es nicht, dass Bran ihm Alexa wegnahm? Musste er auch noch dieses Highlight der weiblichen Schöpfung umgarnen?

Nein, nein, nein. No Way!! MEINS!

"Hallo Tina. Wir kommen, um Sky zu besuchen. Die

beiden hier sind Freunde von ihr. Das ist ..."

Jack unterbrach Brans Vorstellung abrupt. Sie war perfekt und wer wusste schon so genau, was Bran sagen würde. Am Schluss machte er noch alles mit einer Schwuler-bester-Freund-Nummer kaputt!

"Ich bin Jack. Das ist Alexa. Schön Sie kennenzulernen, Tina."

Tina … allein ihr Name fühlte sich toll an in seinem Mund! Ihr Lächeln vertiefte sich noch ein Stückchen und kleine Grübchen entstanden auf ihrer Wange. Beinahe hätte dieser Anblick Jack in die Knie gezwungen.

Das Lächeln ihrer vollen rosa Lippen, zusammen mit der kleinen Stupsnase und den strahlend blauen Augen, war fast zu viel für ihn.

"Hi Jack", sagte sie und gab ihm die Hand. Die Berührung durchfuhr ihn wie ein Stromschlag, nur um gebündelt in seinem Schwanz zu landen.

Sie war perfekt.

Plötzlich glitt ihre Aufmerksamkeit von ihm weg. Das war nicht gut. Zwar hatten sie die sechs Sekunden Augenkontakt bereits überschritten, trotzdem wollte er nicht, dass sie irgendetwas ablenkte.

Ihr Lächeln wurde weich und vielleicht ein kleines bisschen wehmütig, als sie Alexa in Brans Armen sah. Freute sie sich für die beiden, oder war sie einer von den von Grund auf freundlichen Menschen, von denen es viel zu wenige auf dieser Welt gab?

Aber einen Menschen zu finden, der sowohl äußerlich als auch innerlich perfekt war, war doch zu viel verlangt … zumindest zweimal in einem Leben.

Natürlich entsprach Tina nicht der klassischen Norm in Sachen Figur. Aber Jack hatte in dieser Beziehung einfach eine andere Definition von perfekt als das, was die Medien vorgaben.

Sie verschwand hinter einer der Türen, durch die kurz darauf eine quiekende Sky stürmte. Sie begrüßte erst Alexa und wandte sich dann ihm zu. Er drückte sie an sich, beobachtete aber über Skys Schulter hinweg Tina.

Sie kam gerade von ihrem Schreibtisch zurück. Sie war schlichtweg hinreißend. Er liebte die natürliche Art, mit der sie sich bewegte.

"Wir reden heute Abend auf dem Monatstreffen in Ruhe", sagte Sky, während Jack sich unauffällig in ihre Richtung schob. Der Gedanke, wie sie wohl riechen würde, ließ ihn nicht mehr los.

"Es ist noch nicht sicher, dass wir kommen", schaltete Bran sich in das Gespräch ein. "Lass uns mal sehen, wie es dir dann geht."

"Gut!", sagte Alexa und rollte gleichzeitig mit Bran mit den Augen.

Jack lachte laut los und deutet mit seinem Finger zwischen den beiden hin und her.

"Platz eins im Synchron-Augenrollen geht an Team BrAl!"

Tina und Sky fielen in sein Lachen mit ein. Tinas Lachen war melodisch, weich und warm. Definitiv ein Ton, den er noch viel öfter hören wollte.

Endlich stand er neben ihr. Er lächelte sie an und auch, wenn sie ein klein wenig verwirrt wirkte, lächelte sie zurück. Ihr Duft traf ihn unvorbereitet. Süß, aber nicht zu schwer. Herrlich blumig. Es fiel ihm sehr schwer, sich zusammenzureißen und nicht einfach seine Nase an ihrem Hals zu vergraben.

Dann wurde es bereits Zeit für Alexas Therapie. Leider. Gern wäre er noch länger geblieben.

Bald!, schwor er sich.

TINA

Jack … verdammt heiß!

Genau so stellte sie sich den Cowboy aus ihrem aktuellen Liebesroman vor. Groß, schlank, durchtrainiert. Sehnig war vielleicht das richtige Wort.

Seine kurzen dunklen Haare waren gerade lang genug,

um sich darin festzukrallen … Gesetzt den Fall, dass sie so etwas außerhalb ihrer Fantasie tun würde. Sein Gesicht war klassisch schön. Ausdrucksstarke dunkle Augen. Eine schmale gerade Nase und hohe Wangenknochen.

Auf seinen Wangen lag ein gepflegt wirkender Dreitagebart. Gerne würde sie mit ihren Fingern hindurch fahren, um zu wissen, wie hart die kurzen Stoppeln waren.

Sein Geruch … hinreißend. Herb, männlich, frisch. Genau die richtige Mischung aus Aftershave und Mann. So, dass sie gern ihre Nase an seine Brust drücken würde, um mehr davon inhalieren zu können.

An seine Brust, denn höher kam sie nicht einmal mit ihren höchsten Absätzen.

Der Gipfel des Eisbergs war dieses hinreißende Lächeln. Ein Lächeln, das ihre Knie weich werden ließ!

Tina war mehr als froh, als die drei endlich wieder gehen mussten. Viel hätte nicht mehr gefehlt und sie hätte zu sabbern begonnen.

JACK

Liebend gern hätte er Alexa zu ihrem Frühstück mit den anderen Frauen begleitet. Und genau hier lag der Haken. Es waren nur Frauen. Da konnte er sich bei Gott nicht einschleichen, ohne jemandem eine Erklärung zu schulden.

Aber er musste Tina wiedersehen. Seit er sie am Nachmittag zuvor getroffen hatte, ging sie ihm nicht mehr aus dem Kopf.

Er war mehr als nur dankbar, dass Ryan ihm einen Wagen organisiert hatte. In Cathrin Blacks Hotel festzusitzen, hätte ihn den Verstand gekostet.

Mittags konnte er sich nicht mehr halten. Er duschte und rasierte sich. Dann schlüpfte er in die helle Jeans, von der Alexa immer behauptete, dass er darin einen Knackarsch hätte. Konnte ja nicht schaden. Dazu ein weißes Hemd und einen dunkelblauen Pullover mit V-

Ausschnitt.

Die Ärmel krempelte er hoch, damit es nicht zu streng wirkte. Perfekt.

Mit langen Schritten eilte er zu dem 3er BMW und ließ sich schwungvoll auf den Sitz des schwarzen Wagens gleiten. Die Fahrt dauerte nicht allzu lang und er parkte den Wagen in der Tiefgarage von JB-Industrials.

"Hey, Jack, was treibst du denn hier?", hörte er Shanes vertraute Stimme, als er aus dem Wagen stieg.

Ähm ... ja, was genau eigentlich?

"Ich ... wollte sehen, ob Alexa schon zurück ist", sagte er schließlich und bemühte sich um einen lockeren Ton. Ein Lächeln erschien auf Shanes Gesicht.

"Dario hat gerade unter deutlichen Protesten die Rückfahrt angemeldet. Hab ich über Funk gehört."

"Du sitzt hier vor der Zentrale und hörst dem Funk zu?", fragte Jack ungläubig. So ein Verhalten passte einfach nicht zu dem Sunnyboy.

"Nein, das war nur Zufall, weil ich selbst gerade angekommen bin. Aber ich nutze solche Momente gern, um das kommende Spektakel zu beobachten. Setz dich und genieße!"

Shane klopfte neben sich auf die kleine Sitzbank vor der Zentrale der Buddy-Bereitschaft.

Offiziell hieß der Bereich unter Tyler Moreno Secret Services. Da die Personenschützer aber intern immer nur Buddys genannt wurden, wurde auch der Bereitschaftsdienst umgetauft.

Jack hatte Shanes Humor lieben gelernt, also setzte er sich ohne weitere Nachfrage neben ihn.

Die Sicherheitstür zu den Aufzügen piepte. Shane legte einen Finger auf seinen Mund zum Zeichen, dass Jack still sein sollte.

Ryan stieg aus dem Aufzug und scannte einmal die Reihe der Wagen, ehe er hinter einen trat und den Kofferraum öffnete. Er steckte seinen Kopf hinein und suchte nach etwas.

"Was tut er?", flüsterte Jack.

Shane grinste und flüsterte zurück: "Strategie Undercover."

Das Tor zur Tiefgarage ging im selben Moment auf, wie die Aufzugtüren. Ty stiefelte in großen Schritten direkt auf die beiden Fahrzeuge zu, die in die Garage einfuhren.

Der kleine Bus war noch nicht ganz zum Stehen gekommen, da hatte Ty bereits die Tür aufgerissen und Nina in seine Arme gezogen.

Shane gluckste leicht und erläuterte: "Strategie Offensiv. Aber warte den Rest ab!"

Während die Frauen sich von einander verabschiedeten, zog Ryan seinen Kopf aus dem Kofferraum.

"Oh Sky, was für ein Zufall!"

Sky zog eine Augenbraue nach oben. "Die ersten fünf Mal hätte ich dir das fast noch abgekauft, Ryan. Langsam wird es lächerlich!", gab sie zurück, streckte sich zu ihm und küsste ihn auf die Wange. "Ich liebe dich trotzdem."

Sie strich über seine Brust und ging zusammen mit Alexa und Tina zum Aufzug, während Ryan entschuldigend mit den Schultern zuckte und sich den Nacken rieb.

Carry und Dario waren schon wieder in eine heftige Diskussion verwickelt, während Brain und Maya auf die Zentrale zugesteuert kamen.

"Meine Strategie nenne ich 'Das Genie'", sagte Shane und zwinkerte Jack zu.

"Du bist so ein Kindskopf, Shane Carter! Hör auf, dich über deine Freunde lustig zu machen!", sagte Maya lächelnd und schlug ihm spielerisch auf die Brust.

"Nein, nicht dass es dir noch langweilig wird mit mir", gab Shane zurück, fing grinsend ihre Hand ab und küsste die Innenseite ihres Handgelenks.

"Wie geht's meinen beiden Lieblingen?", fragte er in einem für ihn ungewöhnlich sanften Ton.

"Bettreif", gab Maya zurück und lehnte sich an ihn.

"Willst du mit nach oben fahren, Jack?", fragte Maya dann.

"Ja, aber ich steig bei Sky aus, ich wollte noch ein wenig mit ihr quatschen."

Jack war froh, dass sie jetzt ins Gebäude gingen. Dieses ganze Familien-Heile-Welt-Ding drehte ihm den Magen um.

Tina saß in irgendwelche Unterlagen vertieft vor ihrem Schreibtisch. Immer wieder fuhr sie sich mit ihrer Hand durch die kurzen Haare und strich sie nach hinten. Kurz darauf fielen sie ihr wieder ins Gesicht. Die vielen silbernen Armreifen an ihrem Handgelenk klimperten dabei.

Alexa trug nie Schmuck. Es war einfach zu unpraktisch und im Umgang mit den Pferden auch einfach zu gefährlich. Hätte sie es von sich aus nicht abgelehnt, so hätte Jack notfalls auch eine ernste Auseinandersetzung mit ihr riskiert.

Bei Tina sah das silberne Geklimper sehr schön aus. Weiblich eben. Auch die Ohrringe, die sie trug, gefielen ihm. In diesem Moment sah sie auf und ihr hübsches Gesicht, das sich kurz vor Schreck verzog, zeigte gleich darauf wieder dieses atemberaubende Lächeln.

"Hallo Jack!", sagte sie fröhlich. Legte ihre Akten ab und kam auf ihn zu. Sie schüttelte seine Hand und die Berührung fuhr durch seinen ganzen Körper.

"Tina", sagte er und ließ sich ihren Namen abermals auf der Zunge zergehen. Ihr Lächeln änderte sich um Nuancen.

"Möchten Sie zu Sky?", fragte sie und wollte ihm ihre Hand entziehen. Jack hielt sie fest. Wohl wissend, dass er damit den ersten Stein für den nächsten Schritt legte.

"Nein", sagte er und seine Stimme klang selbst in seinen Ohren rau.

"Ich ..."

"Würden Sie mir einen Gefallen tun, Tina?"

Sie nickte und ihre schönen blauen Augen scannten unaufhörlich sein Gesicht.

"Gehen Sie mit mir aus. Heute Abend."

"Ich ... ich kann nicht", sagte sie und entzog ihm ihre Hand.

"Warum?"

Eiligen Schrittes wuselte sie zurück zu ihrem Tisch und stapelte die Unterlagen, dann antwortete sie, ohne ihn anzusehen: "Ich hab bereits etwas vor."

Shit! Morgen fuhren sie bereits zurück auf die Ranch und sie wollten erst nächste Woche wieder herkommen. Aber dann würde sie ihm nicht entwischen!

"Gut, wie sieht es nächste Woche aus?"

"Nicht so gut."

Immer noch kein Augenkontakt.

Warum weicht sie mir aus?

"Wie wäre es, wenn wir spontan nach Feierabend irgendwo auf einen Drink gehen?", fragte er, weil er so schnell nicht aufgeben wollte.

"Mal sehen."

"Gut, ich komme Montagnachmittag wieder, dann können Sie mir bestimmt genauer sagen, wann Sie Zeit für mich finden", sagte er lächelnd und genoss, wie ihr Blick zu ihm hoch schoss.

Ungläubig musterte sie ihn. Jack lächelte und machte sich dann auf den Weg zu Sky. Vielleicht konnte er ihr oder einem ihrer Kollegen ein paar Informationen über Tina entlocken.

TINA

Er flirtete mit ihr. Eindeutig. Ein kleines Lächeln schlich sich auf ihr Gesicht. Jetzt, wo sie den ersten Schock überwunden hatte, fühlte sie sich ziemlich gut bei dem Gedanken, dass ein attraktiver Mann wie Jack an ihr interessiert war!

Natürlich war er nicht der erste Mann in ihrem Leben,

der das tat. Aber seit sie sich aus dem sozialen Leben zurückgezogen hatte, war ihr das nicht mehr passiert.

Seit nunmehr sechs Jahren hatte sie sich weitestgehend abgekapselt. Tina war nicht ungesellig, aber sie vermied seither einfach Situationen, die Interpretationsspielraum ließen.

Sie war gerne Single und wollte es auch bleiben. Sie hatte kein Interesse an einer Beziehung und vor allem auch keine Zeit dafür. Ein zeitintensives Hobby und ein Fulltimejob, damit war ihr Alltag voll und ganz ausgefüllt.

So lecker Jack auch aussah, ein Mann kam bei ihrem straffen Terminplan einfach nicht in Frage. Also musste sie dieses Date irgendwie abwenden.

JACK

Vier Stunden später kehrte er frustriert ins Hotel zurück. Es konnte doch nicht sein, dass niemand mehr über Tina zu sagen wusste als süß, lieb, nett, freundlich oder hilfsbereit!

Alles, was er in vier langen Stunden zusammentragen konnte, war, dass sie eine 29 Jahre alte gebürtige Bostonerin war. Ihre Eltern lebten ebenfalls in Boston, hatten aber wenig Kontakt mit ihr.

Ihr einziges Hobby war Lesen und das tat sie wohl ziemlich exzessiv. Mehrere Personen hatten ihm erzählt, dass Tina sie wegen eines Buches versetzt hatte oder zu spät gekommen war. Und sie liebte Schokolade. In sämtlichen Variationen, Farben und Formen.

Konnte das wirklich alles sein, was es über Tina Melroy zu erzählen gab? Daran glaubt Jack nicht für eine Sekunde.

Stille Wasser sind tief, wie man so schön sagt, lächelte er in sich hinein und freute sich bereits darauf, ihr jedes kleine Geheimnis zu entlocken.

Geheimnisse und alle anderen Töne, die er ihr sonst noch entlocken konnte. Zu gern würde er sehen, wie ihr schönes Gesicht sich rötete und sie den Kopf stöhnend in den Nacken warf.

Unbewusst war seine Hand zu seinem Schwanz gewandert. Tatsächlich. Allein der Gedanke an die kleine Tina hatte ihn hart werden lassen. Lächelnd nahm er seine Hand zurück auf den Bauch.

Oh nein. Selbst Hand anzulegen kam überhaupt nicht in Frage. All das würde er für Tina aufheben.

Schließlich schlief er mit den Gedanken an ihre herrlichen Rundungen ein.

Freitagabend saß er zusammen mit Alexa und Brandon beim Abendessen. Typisch amerikanisches Essen war nicht gerade seine favorisierte Geschmacksrichtung, aber solange er nicht kochen musste, war Jack mit allem zufrieden.

"Sie wollen hier her kommen. Mädelsabend. Mayas blöde Idee, also schau nicht so, Brandon."

"Ich schaue ganz normal. Ich hatte mich nur auf ein ruhiges Wochenende mit dir gefreut!", sagte Brandon und sah dabei ein bisschen wie ein bockiges Kind aus.

"Was ist das für ein grenzdebiles Grinsen in deinem Gesicht, Jack Dessen?"

Ertappt zuckte Jack zusammen. Aber wie zum Teufel sollte er anders grinsen, wenn Tina ihm so schnell wieder in die Arme laufen würde? Es war perfekt! Hier konnte er sie noch viel besser studieren als in irgendeiner Bar.

"Ähm ... nichts. Ich freu mich auf einen lustigen Abend", sagte er etwas verspätet, nachdem Alexas Augen sich bereits zu Schlitzen verengt hatten. Sie kam zu ihm und riss seinen Pullover in die Höhe.

"Was soll das?", fragte Brandon und zog sie von ihm weg. Sie zappelte in seinem Griff und zeigte anklagend auf Jack.

"Keine Brüste, Jack. Und wie ich gerade gesehen habe, sind dir auch noch keine gewachsen in den letzten Wochen. Damit bist du vom Mädelsabend ausgeschlossen!"

Jacks Grinsen fiel in sich zusammen.
"Und was bitte soll ich dann tun? Vor der Tür warten?"
Das Grinsen, das sich jetzt auf ihr Gesicht schlich, verdiente nur einen einzigen Titel. Fies!
"Du und Bran, ihr geht zusammen aus!"
Gut, Bran wusste von seinem Glück auch noch nichts. Das war seinem schockierten Gesicht deutlich anzusehen. Und dennoch widersprach keiner von ihnen. Alexas Leben war zu dieser Zeit schwer genug und Brandon hoffte genauso wie Jack, dass sie sich wieder fangen würde und einen neuen Lebensmittelpunkt fand.
... hoffentlich liegt der nicht darin, uns fortan zu quälen!

TINA

Dieser Mädelsabend war eine absolute Schnapsidee! Sie hatte keine Lust und keine Zeit. Spontane Verabredungen gingen ihr mehr als nur gegen den Strich!
Sie brachten alles durcheinander, dabei hatte sie sich für dieses Wochenende eine richtig dicke Trilogie vorgenommen. Aber nein! Sky und ihre "Jetzt-machen-wir-schnell-noch-das"-Pläne hatten wie so oft ihr ausgeklügeltes System zerschossen.
So gern sie ihre Arbeitskollegin und Freundin auch mochte, so ungelegen kam sie in solchen Momenten.
Wie so oft, wurde der Abend besser als erwartet. Wenn sie sich erst einmal auf den gedanklichen Verlust eines Leseabends eingestellt hatte, konnte sie die Gesellschaft auch in vollen Zügen genießen.
Vor allem, nachdem Alexa ihr gesagt hatte, dass Brandon und Jack ausgegangen waren.
Dieses kleine bisschen Enttäuschung, dass sie empfand, weil sie den Cowboy nicht wiedersehen würde, ignorierte sie. Die Erleichterung, sich nicht aus einem Date winden zu müssen, überwog eindeutig.
Der Abend verging schnell und sie fuhren noch in der

Nacht zurück nach Boston.

Gott sei Dank! So verpasste sie ihr Sonntagslesen nicht!

JACK

Der Abend lief besser als erwartet. Bran verstand es hervorragend, einfach nur an der Bar zu sitzen und einen Scotch nach dem anderen zu trinken, ohne ein einziges Wort zu sagen.

"Das reicht!", lallte er gegen ein Uhr und eierte zum Ausgang. Er benötigte mehrere Versuche, bis er eine der vier Türklinken erwischte.

Irgendwann gelang es ihm leider, denn in seinem momentanen Zustand hätte Jack dem Schauspiel ohne Weiteres noch einige Stunden folgen können.

Jacob kam und half ihnen in den großen roten Pick-Up.

Wie genau er vom Auto ins Bett gekommen war, daran konnte Jack sich nicht erinnern. Er wusste lediglich, dass er zu viel getrunken hatte, denn das sadistische Männchen in seinem Kopf bearbeitete ihn mit einem Presslufthammer.

Gequält schleppte er sich in die Dusche und sammelte dann seine letzten Kraftreserven, um nicht wie ein Häufchen Elend auszusehen, wenn er auf seine Auserwählte traf.

Als er feststellte, dass die Frauen bereits allesamt wieder abgereist waren, fiel er in sich zusammen. Hin und her gerissen zwischen *'Gott sei Dank sieht sie mich so nicht'* und *'Verdammte Scheiße, jetzt habe ich sie schon wieder verpasst!'*.

Die Schwäche siegte und er brach erschöpft auf dem Sofa zusammen.

2 NEUER VERSUCH NEUES GLÜCK

JACK

Heute würde sie ihm nicht entkommen. Seit Tagen raubte sie ihm den Schlaf. Sein Schwanz war mittlerweile der Meinung, dass halbe Steifheit der Normalzustand sei und man ohne Latte weder aufwachen noch einschlafen sollte.

Fuck!

Immer wieder versuchte er, sich mit Pferdeangeboten abzulenken. Solange, bis seine Gedanken ihm wieder einen Strich durch die Rechnung machten.

Gut, dass Alexa ihm an diesem Abend helfen würde. Vielleicht würde es ihm so ein wenig leichter fallen, bei der Sache zu bleiben.

Im Moment machte er sich aber erst einmal auf die Jagd nach seiner Herzdame. Leise schlich er sich in das große Vorzimmer. Sie sah wieder einmal zum Anbeißen aus. Die Kostüme, die sie so oft trug, perfektionierten das brave Mädchen-Image, das sie pflegte.

Sie tippte so schnell in die Tasten ihres PCs, dass Jack daran zweifelte, dass wirklich etwas Sinnvolles dabei herauskommen sollte.

"Hallo schöne Frau", sagte er und trat näher an den Tisch.

Schockiert riss sie ihren Kopf nach oben und starrte ihn aus ihren großen runden Augen an.

"Oh, hallo Jack!", sagte sie und eine Mischung aus Schock und Erstaunen lag auf ihrer Miene.

"Sky ist leider im Moment in einer Besprechung", fuhr sie fort und begann wieder, die Stapel auf ihrem Tisch zu sortieren.

"Ich bin wegen dir hier, Tina, nicht wegen Sky", sagte er ruhig und zog sich einen Stuhl an ihren Tisch. Wieder zuckte ihr Blick von ihren Unterlagen nach oben und sie sah ihn verwirrt an.

"Warum?"

"Du wolltest mir sagen, wann du mit mir ausgehst."

"Nein."

"Doch", gab er grinsend zurück. Tina zu beobachten, machte ihm einen Heidenspaß.

"Ich muss arbeiten, Jack", sagte sie fünf Minuten später und klang leicht genervt. Sie schien der Hoffnung gewesen zu sein, dass er von selbst verschwinden würde. Nur, warum sollte er. Sie war besser als jedes Fernsehprogramm.

"Tu dir keinen Zwang an. Ich warte hier nur, bis du mir sagst, wann wir ausgehen."

"Ich habe nein gesagt."

"Ich warte hier, bis du es dir anders überlegst."

"Ich kann so nicht arbeiten!"

"Dann sag mir wann, und ich bin weg."

"Ich habe keine Zeit!"

"Ach komm schon! Nur einen Drink oder einen Kaffee nach der Arbeit!"

Stöhnend legte sie ihre Stirn in eine Hand. "Okay, einen Kaffee. Ich hab in einer Stunde Feierabend, dann können wir runter in die Cafeteria gehen."

"Nein, nicht hier. Wir gehen woanders hin."

"Okay, um die Ecke liegt ein Starbucks."

"Sehr schön!", sagte er breit grinsend und lehnte sich auf dem Stuhl zurück. Ihre Augen wurden schmal, als sie ihn fixierte.

"Was wird das?" *Süß!*

"Ich warte, bis du fertig bist", gab er lächelnd zurück.

"Nein! Raus hier!"

"Geht leider nicht. Ich kann nur so sicherstellen, dass du dir keine fadenscheinige Ausrede einfallen lässt."

Stöhnend schloss sie die Augen. Sie schichtete wieder Stapel von Papier auf ihrem Tisch umher und stand schließlich energisch auf. Irgendetwas vor sich hinmurmelnd, lief sie zu einer Tür und atmete einmal tief durch, ehe sie klopfte und dann ihren Kopf durch den Türspalt drückte.

"Ms. Miller? Könnte ich jetzt schon Feierabend machen? Ich hole die Stunde morgen nach ... mhm ... kein Problem ... mhm ... danke!"

Eigentlich fehlte nur noch der Rauch, der aus ihren Ohren quoll, als sie sich wieder ihm zuwandte.

"Gehen wir!"

Jack nickte und hielt ihr galant die Tür auf. Leider schien sie das überhaupt nicht zu bemerken.

"Du bist nicht wirklich böse auf mich, oder Tina?", fragte er, nachdem sie immer noch schweigend am Starbucks ankamen.

"Du machst mich verrückt, Jack!"

"Warum?"

"Weil du mich nicht einfach in Ruhe lässt!"

"Weil du nicht mit mir ausgehen wolltest", gab er lächelnd zurück.

Sie war irgendwie süß, wenn sie so außer sich war.

Es war recht leer im Starbucks, sodass sie direkt an einer Kasse an der Reihe waren.

"Eine heiße Schokolade und einen Schokomuffin, bitte."

"Kaffee, groß, schwarz. Das wäre alles."

"Ich möchte das selbst zahlen, danke."

"Nein, ich nötige dich, mit mir hierher zu kommen, also lade ich dich auch ein."

"Besser nicht, das sieht irgendwie nach einem Date aus."

"Ist es auch."

"Nein, ich habe keine Dates."

"Doch, genau in diesem Moment."

Die Panik in ihrem Gesicht amüsierte ihn.

"Ich will nicht ausgehen, ich will keine Dates, nichts dergleichen!", sagte sie nachdrücklich und nahm ihre Bestellung entgegen. Schnell bezahlte Jack, ehe sie ihm dazwischen funken konnte.

"Warum?", fragte er und konnte es kaum erwarten, mehr von der blonden Schönheit zu erfahren.

"Ich habe keine Zeit für so etwas", gab sie genervt zurück und steuerte auf einen Tisch zu.

Es war aber nicht die zickige Art von Genervt-sein, sondern sie schien wirklich am Ende mit ihren Nerven zu sein. Jack hatte beinahe ein schlechtes Gewissen.

"Das hier wird vielleicht eine Stunde dauern, wo genau liegt dein Problem?"

"Wird dies das letzte Mal sein, dass du mich zu einem Date nötigst?"

"Nein." Da war er sich in diesem Moment sicher. Eine Stunde würde definitiv nicht genügen, seine Neugier nach ihr zu stillen.

"Siehst du?"

"Was hattest du denn so Wichtiges vor?"

"Ich wollte mein Buch fertig lesen."

"Das Buch rennt dir nicht weg. Das geht morgen auch noch."

"Morgen steht schon das Nächste auf dem Plan."

"Du planst deinen Bücherkonsum?"

"Natürlich! An Tagen, an denen ich etwas vorhabe, muss ich natürlich einen Kurzroman einplanen! Und übers Wochenende, wenn ich mehr Zeit habe, kann ich mir einen richtig dicken Schinken vornehmen!"

Ihre Augen strahlten regelrecht, während sie von ihren Büchern erzählte. Vielleicht war das der Weg.

"Was für Genres liest du?", fragte er deshalb.

Volltreffer!

Jack genoss es, ihr zuzusehen, während sie lebendig von ihren Lieblingsbüchern, Lieblingsreihen, Lieblingsautoren, Lieblingsverlagen, ... erzählte. Sie hielt nur inne, um einen genießerischen Schluck von ihrer heißen Schokolade zu nehmen oder ein Stück von ihrem Muffin zu essen.

Hier und da konnte er zum Glück ein klein wenig zur Unterhaltung beisteuern. Jack las selbst gern, wenn auch nicht im gleichen Maße, wie Tina es tat.

Irgendwann sah sie verblüfft in ihren Becher und dann zu Jack.

"Leer", sagte sie und wirkte wirklich verwundert.

"Kann ich dich nach Hause bringen?"

"Ähm ... klar, ist nicht weit. Wow, wo ist denn die Zeit hin?", fragte sie wirklich verblüfft.

"Du hast dich eben gut amüsiert mit mir", sagte er und hielt ihr die Tür auf. Sie lächelte strahlend zu ihm auf.

"Du hast recht, das habe ich!"

"Dann wirst du wieder mit mir ausgehen?"

"Jack ...", sagte sie und klang ein klein wenig gequält.

"Komm schon, Tina, gib mir eine Chance. Donnerstagabend. Ich verspreche dir das beste Date aller Zeiten!"

Sie sah ihn zweifelnd an, während sie in eine andere Straße einbogen.

"Was genau versprichst du dir davon, Jack? Ich bin nicht der Typ Frau für einen One-Night-Stand und ich bin ganz bestimmt keine Frau für etwas Langfristiges. Es gibt nichts zu gewinnen."

"Lass das mal meine Sorge sein", sagte er lächelnd. Tina blieb vor einem älteren Haus stehen und sperrte die Tür auf.

"Okay. Aber keine Erwartungen!"

"Sehr schön! Also dann ..." Bevor sie verstehen konnte, was er vorhatte, beugte er sich zu ihr und küsste sie auf die Lippen, die ihn schon seit Stunden in den Wahnsinn trieben.

Immer, wenn sie mit ihrer kleinen Zunge darüber gefahren war, hatte sein Schwanz in seiner Hose zu zucken begonnen.

Er löste sich wenige Zentimeter von ihr und sah in ihre weit aufgerissenen Augen. Sie starrte ihn ungläubig an und ihre verführerischen Lippen standen einen Spalt offen. Als ihr Blick zu seinen Lippen glitt, konnte er sich nicht mehr zusammenreißen.

Er nahm ihr Gesicht in seine Hände und küsste sie erneut. Inniger diesmal und auch seine Zunge konnte er nicht mehr zügeln. Vorsichtig strich er über ihre Lippen. Genoss ihren süßen Geschmack nach Schokolade. Er könnte sich in diesem Kuss verlieren. Definitiv!

Mit all seiner Willenskraft konnte er sich schließlich doch von ihr lösen.

"Schönen Abend, Süße", flüsterte er und trat dann zurück. Ihr Blick flitzte hektisch umher, ehe sie ein "Bye", herauspresste und hinter der Tür verschwand.

Heilige Scheiße! Ein Kuss von dieser Frau zog ihm wirklich die Schuhe aus!

TINA

Oh mein Gott! Scheiße!

Jack war nicht gut für sie. Überhaupt nicht gut. Er überrumpelte sie. Immer wieder.

Und dieser Kuss? Brachte sie definitiv um ihren Verstand. Sie musste sich von diesem Mann fernhalten! Er konnte ihr Herz im Sturm erobern. Darüber war sie sich leider nur allzu im Klaren.

Er zog sie nicht nur körperlich an, es war seine ganze Art, die sie so aus der Bahn warf. Diese offene

Freundlichkeit.

Keine Erwartungen. Kein Einordnen, einfach ein Annehmen lag in seinem Blick. Er erfasste seinen Gegenüber, ohne ihn zu bewerten. Ein seltener Charakterzug, den sie sehr zu schätzen wusste.

Aber sie wollte keinen Mann in ihrem Leben, also blieb ihr nichts anderes übrig, als sich so weit wie möglich von diesem perfekten Vertreter der Gattung Mann fernzuhalten.

JACK

Um sich abzulenken, fuhr er die Ställe ab, in denen er mit Alexa interessante Jungpferdeangebote gesehen hatte. Viele der Verkäufer wussten schlichtweg nicht, was ein großes Pferd ist. Ein Stockmaß von 1,60 Meter war vielleicht für ein Arbeitspferd groß, für ein Voltigierpferd glich diese Größe einem Pony.

So kam er Donnerstagmittag mit leeren Händen zurück nach Boston.

"Hi Jack!", sagte Cat strahlend. Jack mochte sie. Sie war unkompliziert und schlagfertig. Im ersten Moment hätte er sie noch als kalt bezeichnet, doch sobald man sie besser kannte, sah man sofort, dass genau das Gegenteil der Fall war.

"Hey Cat!", gab er zurück und drückte sie an sich.

"Sky hat angerufen. Sie sollte dir ausrichten, dass es Tina heute nicht so gut ging und sie für heute Abend leider absagen muss", sagte Cat, nachdem sie sich von einander gelöst hatten.

Faule Ausrede, schoss es ihm durch den Kopf.

"Dann erzähl mal, was läuft da zwischen euch?", sagte Cat mit funkelnden Augen.

"Nie im Leben, Cat. Da könnte ich auch gleich mit Shane sprechen."

"Vielleicht kann ich dir helfen?"

Auf Jacks hochgezogene Augenbraue zuckte sie nur

mit den Schultern.

"Wenn ich doch mal was für dich tun kann, sag Bescheid!"

"Kannst du, Cat. Versuch deine Klappe zu halten. Dasselbe gilt für Sky!"

Das Lächeln auf ihrem hübschen Gesicht verhieß nichts Gutes. Da er sowieso nichts tun konnte, verzog er sich auf sein Zimmer. Eine Dusche würde ihm nach der langen Fahrt gut tun. Danach würde er sich schlafen legen und am nächsten Tag erneut in die Schlacht ziehen.

So schnell kam sie ihm nicht davon. Nicht nach diesem Kuss!

Auf dem Weg zu JB-Industrials hielt er bei Starbucks. Für sich selbst kaufte er einen schwarzen Kaffee und ließ sich dann noch eine heiße Schokolade und einen Schokomuffin einpacken. Bestechung funktionierte immer.

Er parkte in der Tiefgarage und fuhr mit dem Aufzug in Tinas Stock. Gut gelaunt schlenderte er durch die großen Glastüren.

"Guten Morgen, Sonnenschein", sagte er fröhlich, stellte seine Mitbringsel auf ihren Schreibtisch und zog sich einen Stuhl davor.

"Hi Jack ... was machst du hier?"

"Frühstücksdate, Kontrolle, Kommunikation, Kaffee trinken, Krankenbesuch, Bittstellung, Stalking, such dir was aus. Hier für dich, zur Bestechung", sagte er lächelnd und freute sich über ihr verdattertes Gesicht.

"Das geht so nicht!", sagte sie schließlich.

"Das wäre auch nicht nötig, wenn du mich gestern nicht versetzt hättest!"

"Ich konnte nicht!"

"Welches war es?"

"Welches war was?"

"Welches Buch, Tina", sagte er geduldig. Immerhin wollte sie ihn los werden. Er hatte ohne Ende Zeit.

Sie schnappte sich den Muffin und biss hinein.

Genüsslich schloss sie die Augen und kaute langsam und genießerisch. Es war herrlich, ihr dabei zuzusehen. Wie man sich an etwas so Kleinem so erfreuen konnte.

"Eat, Pray, Love", sagte sie schließlich.

Jack nickte.

"Zum wievielten Mal?"

Sie neigte ihr hübsches Köpfchen zur Seite und musterte ihn.

"4. Mal", sagte sie und wartete auf eine Reaktion von ihm.

"Wenn du schon genau weißt, was passiert, warum ist es dann so wichtig, dass du fertig wirst?"

Er stellte die Frage bewusst sachlich, damit sie es ja nicht als Vorwurf auffasste. Sie ließ ihn nicht aus dem Blick, als sie sagte: "Reread-Quote."

Wieder nickte er ernst. "Ich nehme an, neue Bücher kaufen zählt zu den wenigen Dingen, die neben Lesen als akzeptabler Zeitvertreib durchgehen."

"Was soll das, Jack?"

"Ich suche nach einem Schlupfloch in deiner Verteidigung! Also, wie weit planst du deine Leseliste im Voraus?"

Ihr Blick war mehr als nur argwöhnisch. "Eine Woche."

"Gut, dass heißt, du hast nächste Woche keine Zeit, aber die Woche darauf bekomme ich zwei Stunden für ein perfektes Date. Ohne Ausreden! Sag einen Tag an!"

"Ein Date, mehr nicht!"

"Das entscheidest du nach dem Date", sagte er siegessicher lächelnd. Auch sie lächelte.

"Donnerstag. Zwei Stunden. Nicht mehr!"

Jacks Lächeln verrutschte ein klein wenig.

Das sind noch fast zwei Wochen!, grummelte er innerlich. Dabei wünschte er sich nichts mehr, als erneut von diesen Lippen zu kosten.

"Deal!", sagte er schließlich und stand auf. "Bringst du mich noch zur Tür?", fragte er und genoss es, ihr dabei zuzusehen, wie ihr kleines Köpfchen rauchte.

Ständig versuchte sie jeden seiner Schritte zu analysieren und ihre Gedanken standen ihr dabei ganz offen ins Gesicht geschrieben. Dennoch stand sie auf und ging an seiner Seite zu Tür.

"Zwei Wochen sind sehr lang, weißt du?", sagte er leise und wandte sich ihr zu.

"Nein. Zwei Wochen sind nichts, wenn es doch noch so viel zu erledigen gibt."

"Zu lesen meinst du", gab er sanft lächelnd zurück. Auch Tina lächelte. Er legte eine Hand an ihre Wange und beobachtete ihre Augen, die sich ein klein wenig weiteten. Dann beugte er sich langsam zu ihr. Er wollte ihr Zeit geben und sie nicht so überfallen wie beim ersten Mal. Sie sollte sich entscheiden.

Wenige Zentimeter von ihrem Mund entfernt hielt er inne. Mühsam riss er seinen Blick von ihren leicht geöffneten Lippen los und ließ ihn zu ihren Augen wandern. Sie hatte sie geschlossen und wartete auf seinen Kuss. Die Unsicherheit verschwand und er senkte seine Lippen auf ihre.

Leicht strich er darüber. Genoss das Prickeln der Berührung. Sie reckte sich ihm entgegen, wollte mehr von ihrer Berührung, wie er auch.

Er presste seinen Mund fester auf ihren und fuhr schließlich mit seiner Zunge über ihre Unterlippe. Dieses Mal öffnete sie ihren Mund sofort und ihre weiche Zunge tastete nach seiner.

Ihre Zungen streichelten einander. Jack genoss jede Sekunde. Jede Berührung brannte durch seine Adern, beschleunigte sein Herz und befeuerte seine Gier nach ihr.

Langsam entzog sie sich ihm und sie sahen sich schwer atmend in die Augen.

"Das ... das war ... wow", stotterte sie und Jack konnte nur bestätigend nicken. Auch er fand keine passenden Worte für das, was zwischen ihnen passiert war.

"Du hättest nicht aufhören sollen", brachte er

schließlich rau hervor.

"Arbeit", sagte sie schlicht. *Ach ja … ihr Büro.*

"Bis bald", gab er zurück, strich mit seinen Lippen über ihre weiche Wange und verschwand durch die Tür, ehe jemand kam und seine voll ausgewachsene Erektion sah.

3 ERSTE DATES

JACK

Zwei Wochen Wartezeit waren der Horror! Jack versuchte die Zeit damit tot zu schlagen, dass er sich so viel Verkaufspferde wie möglich ansah.

Auf der Ranch zu bleiben, war nicht unbedingt die beste Alternative. Je näher sich Brandon und Alexa kamen, desto häufiger knurrte Brandon, wenn er in ihre Nähe kam.

Die erste Woche war er in den Norden gefahren und hatte dort immerhin zwei vielversprechende Dreijährige finden können.

Den Anfang der zweiten Woche versuchte er es noch einmal um die Gegend von Boston herum. Leider ohne Erfolg. Die Idee für ihr Date hatte er schon vor zwei Wochen gehabt. Und doch hatte er den gesamten Donnerstag für die Ausarbeitung seines Plans gebraucht.

15 Minuten vor ihrem Feierabend trudelte Jack in dem Vorraum von Skys Abteilung ein.

"Hey Kleines, bereit?", fragte er fröhlich. Tina riss ihren Kopf nach oben und starrte ihn ungläubig an.

Ihre langen, silbernen Ohrringe schaukelten neben ihrem Hals und lenkten seinen Blick auf die kleine Kuhle unter ihrem Ohr, die er so gern küssen würde.

"Jetzt?", fragte sie und ihre Stimme klang piepsig.

"Wann sonst?"

"Ich muss mich umziehen!"

"Dafür nicht."

Wieder scannte sie ihn, als versuche sie seine Gedanken zu lesen.

"Soll ich noch warten? Musst du vorher noch irgendein Kapitel zu Ende lesen?", fragte er nur halb im Scherz. Diese Option hätte er bedenken sollen, ehe er die heiße Schokolade eingepackt hatte. Ein kleines Lächeln erschien auf ihrem Gesicht.

"Nein, schon okay. Ich bin gleich soweit."

Haha! War wohl die Masterantwort! Bing, bing, bing. 1000 Punkte für Jack, dachte er grinsend.

Schweigend gingen sie Seite an Seite zu seinem Wagen. Jack hätte viel dafür gegeben zu wissen, was in ihrem Kopf vorging. Er hielt ihr die Tür zum Wagen auf und schloss sie vorsichtig hinter ihr.

"Wo genau gehen wir hin?", fragte sie, als sie aus dem Parkhaus fuhren.

"Lass dich überraschen."

"Soll ich mich wirklich nicht umziehen?"

"Nein, du bist perfekt wie du bist", sagte er und ließ es dabei bewusst zweideutig klingen. Ein Seitenblick auf die still gewordene Tina ließ ihn ihre roten Wangen sehen. *Herrlich!*

Er parkte neben dem großen beigen Gebäude, um die Überraschung noch ein wenig herauszuzögern.

"Es gibt kein Restaurant oder Café in der Nähe von '*World of Books*'. Nur einen Starbucks und dafür hätten wir nicht so weit fahren brauchen."

Ähm ... oder auch nicht. Wie zum Teufel kann eine Frau eine Buchhandlung von der Rückseite erkennen???

"Wir gehen nicht Essen", sagte er, nahm sich seinen

Rucksack und führte sie zum Haupteingang.

"Wir gehen in eine Buchhandlung?"

"Ich wollte nicht, dass unser Date Zeitverschwendung wird, also gehe ich lieber auf Nummer sicher und kombiniere es mit deinem Wocheneinkauf", sagte er lächelnd.

Tina starrte mit offenem Mund zu ihm auf und weil sie keine Anstalten machte, weiter zu gehen, schob er sie kurzerhand an ihrem unteren Rücken in den Raum.

Der riesige Bookstore hatte einen kleinen Wartebereich mit Sesseln und Tischen. Jack stellte die heiße Schokolade aus seinem Rucksack auf den Tisch und die Schachtel Pralinen daneben. Dann wandte er sich wieder Tina zu, die sichtlich fassungslos schien.

An ihren Schultern drückte er sie auf einen der vielen Sessel und reichte ihr anschließend eine Tasse, ehe er sich ihr gegenüber niederließ.

"Pass auf. Für ein durchschnittliches Date mit einem guten 3-Gänge-Menü und einem leckeren Wein rechne ich $150. Da du dich mit Schokolade, fest und flüssig, zufrieden gibst, investieren wir die $150 in dein Erinnerungsvermögen", sagte er und lächelte über das Unverständnis in ihrem Gesicht.

"$150 sind ungefähr 10 Bücher, richtig?"

Tina nickte, war aber ansonsten völlig verstummt.

"Das heißt, das sind 10 Tage, an denen du auf jeden Fall an mich denken wirst. Was meine Chance auf ein weiteres Date beachtlich erhöht!"

Ein kleines Lächeln schlich sich auf ihre Züge.

"Die hattest du schon, ohne dass du mir ein Buch spendierst. Allein der Ort garantiert dir ein zweites", sagte sie lächelnd und Jack hielt es keine Sekunde länger aus. Er musste diese Lippen küssen. Jetzt. Sofort.

Er beugte sich zu ihr und küsste ihre Lippen. Wieder schoss das Gefühl durch seinen Körper und die Überwindung, wieder von ihr abzulassen, wurde von Mal zu Mal größer.

"Okay, dann mal los. Vielleicht kann ich noch ein drittes heraus handeln", sagte er rau und half ihr aus dem Sessel.

Irgendetwas in ihren Augen blitze auf, doch Jack konnte den Finger nicht darauf legen.

"Ich weiß nicht, ob das eine gute Idee ist, Jack", sagte sie und wich seinem Blick aus.

Schnell griff er nach ihrem Kinn und lenkte ihren Blick zurück in seinen.

"Warum?"

"Ich bin nicht, was du suchst!"

"Was genau suche ich denn? Ich selbst weiß es nicht!"

"Ich habe dir gesagt, was ich nicht will und das schließt alles außer einer Freundschaft aus ... und ehrlich gesagt, bin ich auch darin eine ziemliche Niete."

"Kann nicht sein, sonst würde Sky ihre Zeit nicht mit dir verbringen. Und jetzt hör auf, über Dinge nachzudenken, die in der Zukunft liegen. Ich möchte mein perfektes Date genießen."

Sie nickte. Unsicher, aber immerhin nicht wieder auf der Flucht.

"Dann geh dich mal umsehen", sagte er und streichelte einmal über ihre Wange.

"Und was machst du in der Zeit?"

"Ich sehe dir zu."

"Warum?"

"Weil ich dich gern ansehe. Weil ich gern dieses Lächeln auf deinem Gesicht sehe und zu guter Letzt, damit ich herausfinde, was du magst und ich dich zu weiteren Dates überreden kann."

Ihr Lächeln vertiefte sich und ließ ihr rundliches Gesicht nur noch schöner wirken. Der Drang, sie in seine Arme zu reißen, wurde immer größer. Vorsichtshalber schob er seine Hände in die vorderen Taschen seiner Jeans.

"Wir haben noch vier Stunden", sagt sie dann und ihre Augen funkelten.

"Vier? Ich dachte, ich bekomme nur zwei?"

"Die anderen zwei sind Buchladen-Bonus und *World of Books* macht in vier Stunden zu ... oder ... hast du noch was vor?", fragte sie und klang mit einem Mal unsicher.

"Nein und es gibt auch keinen Ort, an dem ich in diesem Moment lieber sein würde!"

Ihre Wangen röteten sich. Schnell drehte sie sich von ihm weg und wandte sich dem ersten Gang zu.

"Dann mal los!"

Sie zu beobachten, war interessanter als die meisten Filme, die er in der letzten Zeit gesehen hatte. Ihre Augen strahlten, während sie die Regale entlang ging und ihre Finger über die Rücken der Bücher gleiten ließ.

Sie streichelte einmal über den Deckel eines jeden Buches, ehe sie es vorsichtig aufschlug. Nach einem nicht ganz nachzuvollziehenden Auswahlverfahren entschied sie sich für das ein oder andere Buch und stapelte sie auf ihrem Arm.

"Gib sie mir, ich halte sie für dich", sagte Jack. Ihr Blick war argwöhnisch, als würde ein Fremder ihr anbieten, ihre Geldbörse zu halten.

"Keine Angst, ich geh damit nicht stiften", sagte er deshalb lächelnd. Wieder wurden ihre Wangen rot. Sie drückte ihm die Bücher in die Hand und wandte sich dann wieder den Regalen zu.

Irgendwann kam die Verkäuferin und machte sie darauf aufmerksam, dass der Laden bald schließen würde. Jack hatte nicht gemerkt, wie schnell die Zeit vergangen war. Auch Tina starrte die Verkäuferin mit weit aufgerissenen Augen an.

"Jetzt ist die ganze Zeit vorbei und wir haben gerade mal 30 Sätze gewechselt", sagte sie und sah ihn dabei entschuldigend an.

"Es macht mir nichts aus, ich hatte sehr viel Spaß", gab Jack zurück und dirigierte sie, eine Hand an ihrem unteren Rücken, zurück zu der Sitzecke, um ihre restlichen Sachen zu holen.

Er bezahlte Tinas Ausbeute und beobachtete belustigt, wie kritisch Tina die Einpackversuche der Kassiererin verfolgte.

Seite an Seite liefen sie die Straße entlang zum Wagen. Wie einen Schatz legte Tina die Büchertüte auf ihren Schoß. Wortlos startete Jack den Wagen und fuhr zu ihrer Wohnung. Er genoss einfach ihre Gegenwart und ihren rundum glücklichen Ausdruck.

Vor ihrem Haus angekommen, beeilte er sich, um den Wagen herum zu gehen, um ihr die Tür aufzuhalten.

Wieder ein Lächeln. Sie stiegen die wenigen Stufen zu der Eingangstür hinauf, ehe sie einander zugewandt stehenblieben.

"Das war einer der schönsten Nachmittage meines Lebens", sagte sie und das Lächeln, das sie ihm schenkte, ließ seine Knie weich werden.

Er stützte sich mit einer Hand neben ihrem Kopf an der Tür ab.

"Ja, das war er", sagte er lächelnd. Er legte seine zweite Hand an ihre Wange und strich mit seinem Daumen darüber.

"Ich glaube, ich habe mir einen Abschiedskuss verdient", murmelte er, seinen Blick bereits auf ihre Lippen fixiert. Ihre öffneten sich einladend und er ließ sich nicht zweimal bitten.

Vorsichtig drückte er seine Lippen auf ihre. Genoss es, wie warm und weich sie sich anfühlten. Er fuhr mit seiner Zunge über ihre volle Unterlippe und stohnte unter ihrem Geschmack auf. Ihre Zungen trafen aufeinander und der Kuss wurde drängender. Er schob sich näher an sie heran, wollte mehr von ihr fühlen, mehr von ihr spüren.

Sie keuchte an seinen Lippen und eine Hand krallte sich in seine Schulter.

Mit ihren Zähnen zwickte sie ihm leicht in die Unterlippe und er presste seine Lenden nach vorn, drückte seinen harten Schwanz gegen ihren Bauch.

Er brauchte sie. Wollte sie jetzt sofort nehmen und sich

tief in ihr vergraben.

Ein lautes Krachen ließ ihn aus seinem Lusttaumel aufwachen. Er löste sich leicht von ihr und sah sich um, um die Quelle des Geräuschs zu finden.

Die Tüte mit den Büchern lag neben ihr. Sie musste sie die ganze Zeit über gehalten haben. Als Jack ihr wieder seinen Blick zuwandte, sah er, dass sie ihn mit großen Augen anstarrte. Eine Hand hatte sie vor ihren Mund gelegt. Dann glitt ihr Blick zu den Büchern und sie bückte sich schnell, um sie aufzuheben.

Shit. Verunsichern wollte er sie nicht! Der Nachmittag war perfekt verlaufen. Warum hatte er sich nicht zügeln können?

"Es tut mir leid", begann er und versuchte seine Hose so zu richten, dass man seine Erektion nicht sofort sehen konnte.

"Es gibt nichts, was dir leid tun müsste, Jack."

"Doch, dass ich so über dich hergefallen bin!"

Da erschien wieder dieses wunderschöne Lächeln in ihrem Gesicht.

"DAS braucht dir erst recht nicht leid zu tun. Es war der perfekte Abschluss für einen perfekten Nachmittag."

"Also habe ich mir nicht alle Chancen auf ein weiteres Date versaut?"

"Nein, Jack", sagte sie, stellte sich auf die Zehenspitzen und küsste seine Wange. Allein diese Berührung reichte aus, um erneut so viel mehr von ihr zu wollen.

"Also, wann steht die nächste Kurzgeschichte an?", fragte er.

"Mittwoch?"

"Perfekt!"

Sie lächelte und öffnete die Tür. "Bis dann, Jack!"

"Bis dann, Süße!"

TINA

OH.MEIN.GOTT!

In Windeseile lief sie zu ihrem Handy. Die Tüte stellte sie einfach auf dem Wohnzimmertisch ab, ohne ihre neuen Schätze in den zahlreichen Regalen ihrer Wohnung zu verstauen.

"OMG! Er macht mich verrückt!", schrieb sie und nur Sekunden später kam die Antwort.
"Warum? Was ist passiert?", antwortete Sky.
"Wir waren in World of Books und dann hat er mich geküsst!"
"Haha! Also gut verrückt. Volltreffer. Ja, Jack weiß immer was man will."
"Was soll ich nur tun?"
"Was willst du?"
"IHN!"
"Worauf wartest du?"
"Du weißt schon, ich bin nicht der Für-Immer-Typ."
"Lass es doch einfach auf dich zukommen. Ich glaube, er auch nicht! Sprich mit ihm!"

Ja, genau das würde sie tun! Jack war perfekt. Sie war süchtig nach ihm und vielleicht hatte auch er Interesse an ein paar Monaten unverbindlicher Verabredungen. Nicht zu oft, aber das ein oder andere Mal könnte er ihr Leben definitiv versüßen. Genau in diesem Moment klingelte ihr Handy erneut.

"Wirklich schöner Abend. Danke!"

Jack? Woher hatte er ihre Nummer?

"Ja. Aber ich möchte immer noch keine Beziehung", schrieb sie, um Skys Rat gleich in die Tat umzusetzen.
"Hm ... exklusiv schon, aber nicht langfristig mit dem ganzen Familienkram!"
"Und nicht zu zeitintensiv!"
"Haha. Verstanden. Erst die Bücher, dann der Mann ;-)"
"So hart sollte es nicht klingen."
"Schon okay. Hört sich perfekt an. Freu mich auf Mittwoch!"
"Ich auch. Gute Nacht."
"Gute N8. Kuss."

Seufzend schloss sie ihre Augen. Ja, vielleicht konnte es doch noch etwas werden.

Die kommenden Tage vergingen zäh, so sehr wünschte sie sich den Mittwoch herbei, nur um Jack wiedersehen zu können.

Er hatte recht behalten. Jedes Mal, wenn sie eines ihrer Bücher zur Hand nahm, dachte sie an ihn. Im Stillen verfluchte sie sich, ihre Leseliste nicht spontan geändert zu haben, dass sie ihn bereits am Wochenende oder am Montag hätte treffen können.

Mittwochmittag war sie bereits hibbelig. Sie konnte sich kaum auf ihre Arbeit konzentrieren, so sehr fieberte sie der Verabredung entgegen. Dann klingelte ihr Handy und kündigte eine SMS von Jack an.

"Ich stecke in Providence fest. Autopanne. Es tut mir so leid!"
"Oh shit! Nein, kein Thema. Soll ich dir ein Ticket besorgen?"

"Nein, danke! Ich habe ein Pferd gekauft, das muss ich mitnehmen, sobald der Truck wieder läuft."

Tina zögerte. Sie wollte nicht zu aufdringlich klingen.

"Okay. Vielleicht holen wir unser Date mal nach?"

"Aber hallo! Auf jeden Fall! Ich habe mir das hart erkämpft! Bis das Ersatzteil für den Motor da ist, dauert ein bisschen. Anfang nächster Woche?"

"Leider nein. Da bin ich in NY auf einer Tagung."

"Gut, dann lass uns schreiben, wenn ich Genaueres weiß. Sonst das WE danach?"

"Gern."

"Kuss."

Tina wurde warm ums Herz. Bei diesem Mann musste sie wahnsinnig aufpassen, dass sie ihr Herz nicht an ihn verlor. Er tummelte sich schon viel zu viel in ihren Gedanken und viel zu nah an ihrem Herzen!

JACK

Während er auf die Reparatur seines Wagens wartete, klapperte Jack noch weitere interessante Angebote ab. Leider war entweder nichts dabei oder die Pferde überstanden den Gesundheits-Check-up nicht.

Erschöpft kam er schließlich am Freitagmittag auf Brans Ranch an.

"Na, sieht man dich auch mal wieder?", rief Alexa ihm zu.

"Hey mein Mädchen, wie geht es dir?", fragte er und drückte die Frau seines Lebens an sich. Nie war ihm jemand ähnlicher gewesen als sie. Und dieses Gefühl, verstanden zu werden und sich nicht erklären zu müssen, war für ihn unbezahlbar geworden.

Auch wenn seine beste Freundin ungewollt in dieses Familiending gerutscht war, so würde sie nie über ihn urteilen oder versuchen, seine Meinung bezüglich einer eigenen Familie zu ändern.

"Ich hatte eine Panne. Hat länger gedauert."

"Über eine Woche länger!", sagte sie anklagend.

"Entschuldigung Mama, hätte ich mich abmelden sollen?", fragte er belustigt, da er diese Seite an ihr nicht kannte.

"Entschuldigung, die Hormone. Hast du was?"

"Einen, ist gar nicht so leicht. Essen wir später zusammen?"

"Gern, ich will noch unter die Dusche."

"Keine Eile. Ich bring den Kleinen in seine neue Box, geh dann selber Duschen, im Anschluss fang ich mit dem Essen an."

Er küsste sie auf die Wange. Gelegenheiten, in denen er sie für sich hatte, ohne Brans kritischen Blick, musste er nutzen. Ihr Lächeln wurde weicher und sie streichelte seine Wange.

"Ich hab dich lieb, Jack, das weißt du, ja?"

"Klar, Süße, ich dich doch auch. Und jetzt geh rein, bevor Kingkong raus kommt, um dich zu suchen", sagte er, zwinkerte ihr zu und wandte sich dann an den Hänger.

Die frohe Botschaft ihrer Hochzeit hatte er zwar kommen sehen, dennoch schlugen ihm die Neuigkeiten auf den Magen. Er war froh, dass er sich immer wieder in die Küche zurückziehen konnte, um ein klein wenig durchzuatmen.

Vor 15 Jahren hätte er sich sehr für sie gefreut. Heute waren Ereignisse wie Hochzeiten und Schwangerschaften für ihn der Anfang vom Ende.

Natürlich war ihm klar, dass das nicht die Regel war, und dennoch schnürte ihm der Gedanke an die Hochzeit und die Geburt die Kehle zu.

Wie befürchtet, hatte Alexa ihn gebeten, Pate für den Wurm zu werden.

Ein grauenvoller Gedanke. Aber wie sollte er ihr das abschlagen? Die Vorstellung, dass ihr Baby bei ihren furchtbaren Eltern aufwachsen würde, sollte ihr und Bran etwas zustoßen, ließ ihm kalte Schauer über den Rücken laufen.

Sie würden zu zweit sein. Chris und er. Das war der einzige Lichtblick. Er würde nicht allein die Verantwortung für dieses junge Leben tragen müssen.

"Der Damenclub möchte morgen wieder hier einfallen. Maya hat mich vorhin angerufen", sagte Bran nach einer Weile, stand dann auf und ging in die Küche, um den Nachtisch zu holen.

"Sie wollen mich andauernd besuchen kommen, weil sie denken, ich sei hier draußen so einsam!", jammerte Alexa. Wobei es bei der Aussicht, dass Tina wieder auf die Ranch kommen würde, absolut nichts zu jammern gab!

"Ja, ja, lad sie ein!", sagte Jack begeistert … zu begeistert, das bemerkte er sofort. Alexas Miene bekam diesen Ausdruck, dem unweigerlich ein Verhör folgen würde. Irgendwie musste er das abwenden! Seine Beziehung zu Tina war eindeutig nicht spruchreif!

"Was ist los, Jack?", fragte sie auch prompt.

"Nichts, warum?", fragte er scheinheilig ... zu scheinheilig.

Fuck, fuck, fuck … Ausrede … schnell!!

"Jack!", mahnte sie und ihre Augen wurden schmal.

"Nein, ehrlich, gar nichts!"

"Rück mit der Sprache raus, oder ich sage ihnen, sie sollen nie wieder kommen!", drohte sie.

"Al!", jammerte er nun. Er versuchte so bemitleidenswert wie möglich auszusehen, damit sie ihn nicht nur in Ruhe ließ, sondern auch diese Party nicht über Bord warf.

"Los jetzt!" *Argh* …. Bei diesem Ton gab es kein Entrinnen. Also seufzte er und murmelte: "Gut ... ich steh auf Tina."

"Tina? Tina-Tina?"

"Ja", brummte er.

"Mobbelchen-Tina?", setzte Alexa hinterher.

"AL!", schrie er wütend. Wie konnte seine beste Freundin nur so oberflächlich sein!

"Schon gut, aber warum? Ich meine, du bist doch sonst auch immer nur mit gertenschlanken Frauen zusammen gewesen. Da werd ich mich wohl noch ein wenig wundern dürfen!"

"Schon mal aufgefallen, dass es in unserem Arbeitsumfeld nichts anderes gibt!", gab er zornig zurück.

All diese Klappergestelle gingen ihm schon von Anfang an auf die Nerven! Er wollte eine richtige Frau, mit Brüsten, einem Arsch und richtigen Kurven. Eine, die er auch einmal anfassen konnte, ohne Angst zu bekommen, dass er ihr etwas brach.

Alexa nahm sich eine der weißen Servietten vom Tisch und wedelte sie durch die Luft.

"Friede! Bitte!"

Jack lächelte. Ja, eigentlich war Alexa ja nicht so. Sie gehörte nicht zu dem zickigen Weiberhaufen, sondern war allem und jedem gegenüber aufgeschlossen.

"Okay, was immer dich glücklich macht, Häschen! Aber du bleibst schön bei uns und bespaßt diesen babygeilen Haufen!", sagte sie dann.

"Nichts lieber als das!", gab er grinsend zurück.

Bran war zurückgekommen und sein Blick blieb missbilligend auf ihren ineinander verschränkten Fingern hängen, ehe er Alexa in seine Arme zog. Immer öfter kam Jack sich vor, als wäre er ein Eindringling in dieser Beziehung. Auch wenn es Blödsinn war, so fühlte er sich dennoch vernachlässigt.

"Ich könnte die Jungs einladen und wir machen eine Art Verlobungsparty daraus", sagte Bran dann grinsend.

"Ich weiß, dass du das nicht willst, um mich vor den Hühnern zu beschützen, aber gut, mir ist jedes Mittel recht!", gab Alexa zurück und sie machten sich an die Planung.

Jack zog sich auf sein Zimmer zurück. Wie so oft hatte er das Gefühl, den beiden mehr Zeit zu zweit schuldig zu sein, auch wenn er seine beste Freundin vermisste.

4 VERLOBUNGSPARTYS

JACK

Und dann war es endlich Samstagabend!

Er hatte die halbe Nacht wachgelegen, so sehr wollte er sie wieder sehen. Der Tag war in Zeitlupe vergangen und er freute sich, als er sich am Abend an der Tür positionieren konnte, um die Gäste zu begrüßen … und Tina natürlich.

Leider rief irgendjemand ihn immer wieder von seinem perfekten Posten an der Tür weg, damit er helfen oder organisieren sollte, dabei wollte er einfach nur genau an diesem Fleckchen stehenbleiben und auf seine Little-Miss-Perfect warten.

Das Haus füllte sich nach und nach. Die improvisierte Verlobungsparty hatte zwar für ziemlich viel Hektik gesorgt, aber die Aussicht, Tina wiederzusehen entschädigte alles.

"Jack? Kannst du noch ein bisschen Knabbereien bringen?", rief Alexa ihm aus dem Wohnzimmer zu.

Er war gerade erst zwei Minuten wieder auf seinem Posten!

Es ärgerte ihn maßlos, aber er konnte kaum erwarten, dass sie mit Krücken selber die Schüsseln ins Wohnzimmer brachte.

Vor allem, wo sie doch ihre Handgelenke schonen sollte und so wenig wie möglich mit den Krücken belasten. Vielleicht war es ganz gut, dass sie sich ein wenig aus dem aktiven Turniersport zurückgezogen hatten. Lange hätten sie beide die körperliche Belastung des Voltigiersports nicht mehr durchgehalten.

Wenn es klappen würde, die Ausbildung der Jungpferde auf Brans Farm vorzunehmen und sie von dort aus nach Deutschland zu verkaufen, wäre das die optimale Lösung und sie würden gut davon leben können.

Auch wenn Alexa sich um diesen Teil keine Gedanken mehr machen musste. Jack würde Brandon bestimmt nicht auf der Tasche liegen.

"Jack?"

"Ja, ich komme gleich!"

Widerwillig stieß er sich von der Wand ab und lief in die Küche.

An der Küchenzeile, den Blick aus dem Küchenfenster in den Innenhof gerichtet, stand seine Traumfrau. Die schwarze Jeans lag stramm um ihren schönen, runden Hintern.

Wie ferngesteuert ging er zu ihr und stellte sich dicht hinter sie. Seine Hände stützte er links und rechts von ihr auf der Arbeitsplatte ab.

Ihr Körper verspannte sich, doch er wollte und konnte nicht mehr Abstand von ihr halten. Er sog tief ihren herrlichen Geruch ein und fühlte sich sofort, als würde er ankommen. Wo auch immer er unterwegs war. Eingehüllt von diesem wunderbaren Geruch fühlte er sich vollständig und daheim.

"Ich hab dich vermisst, Süße", murmelte er dicht an ihrem Ohr. Zufrieden bemerkte er, wie sie sich entspannte. "Du mich?"

"Ein bisschen vielleicht", gab sie zurück und man hörte das Lächeln in ihrer Stimme.

Er schob seine Hände enger zusammen, sodass er sie beinahe umarmte.

Ihren kleinen weichen Körper an seinem zu spüren, war wunderbar. Ihr Nacken lag bloß und er konnte sich nicht länger zurückhalten. Er küsste ihre duftende Haut. Genoss ihren Geschmack ebenso wie ihren Geruch.

Ihr Seufzen war Musik in seinen Ohren, also zog er eine Spur aus Küssen zu ihrer Schulter, um ihr noch mehr dieser kleinen Geräusche zu entlocken.

Ganz langsam legte sie ihren Kopf zurück auf seine Schulter, sodass er seine Spur zurück über ihren Hals küssen konnte.

"Nur ein bisschen", neckte er sie sanft.

"Vielleicht ein bisschen mehr", sagte sie lächelnd.

Er schlang die Arme um ihre Mitte, um sie noch näher bei sich zu haben. Sofort zog sie ihren Bauch ein.

"Lass das. Entspann dich", murmelte er.

Er mochte sie so, wie sie war. Sie sollte entspannt und glücklich sein in seiner Gegenwart und sich keine Gedanken über solche Kleinigkeiten machen!

"Was, wenn jemand kommt?"

"Ist mir egal, oder soll ich dein schmutziges Geheimnis sein?"

Sie lachte und der Klang war Musik in seinen Ohren.

"Vielleicht?", sagte sie und lächelte ihn verrucht an. Wenn nicht allein ihr herrlicher Körper an seinem gereicht hätte, um ihm eine vollständige Erektion zu bescheren, dieses dreckige Lächeln ließ sein Kopfkino auf Hochtouren laufen.

Er ließ seine Hände tiefer auf ihre Hüften wandern und presste ihren prallen Arsch an seinen Schoß.

Sie keuchte auf, aber es klang mehr erregt denn erschrocken.

"Ja, so sehr will ich dich, Süße. Du machst mich verrück, du raubst mir den Schlaf. Nur du mit diesem herrlichen Körper!"

Sie wand sich in seinem Griff und die Reibung kostete seinen letzten Nerv. Leicht biss er sie in ihren Nacken. Sie stöhnte leise und schob ihre Hände auf seine.

"Ich will dich", flüsterte sie.

Oh ja, er würde sie ohne Umwege in sein Zimmer bringen und ...

"Jack? Hast du die Chips gefunden?"

"Fuck!", murmelte er und auch Tina verspannte sich in seinem Griff. Sie löste sich von ihm und Jack ließ sie widerwillig ziehen.

"Ich glaube, ich bring ihr die Chips", sagte Tina und grinste.

Ja, vielleicht besser so.

Die Latte, die er im Moment hatte, war schwer zu verstecken.

Sie war mit der Schüssel bereits an der Tür angekommen, als sie sich erneut zu ihm umwandte.

"Und danach könntest du mir eine Hausführung geben." Sie zwinkerte und schwang ihren Prachtarsch nach draußen.

Gott, dieses Weib trieb ihn in den Wahnsinn!!

TINA

Alexas Grinsen war irgendwie wissend, als sie die Schüssel vor ihr abstellte.

"Viel Spaß", sagte Sky und drückte Tinas Unterarm.

"Woher ... ?"

"Jacks Zähne sind noch in deinem Nacken zu sehen", flüsterte Sky. Tina wurde knallrot und schlug ihre Hand auf die Stelle.

Als sie sich umsah, bemerkte sie die sichtlich belustigten Gesichter.

"Tratschstoff geliefert. Dadurch wirst du zum neuen Liebling der Männer", lachte Maya, auch wenn Tina das gar nicht so lustig fand.

"Wer fehlt denn?", hörte sie Jason fragen.

"Luce, Jack und Logan", fasste Dave zusammen, nachdem er die Runde gescannt hatte.

"Gut, also die Wetten werden angenommen!", sagte Jason in diesem Moment und tatsächlich lief der ein oder andere zu ihm.

"Wie peinlich ist das denn bitte!", sagte Tina schockiert und beobachtete, wie Shane sich neben Jason auf dem Sofa niederließ.

"Lass sie, sie brauchen das", sagte Sky lachend. Schnell verzog sich Tina zurück in die Küche.

Das Lächeln, das auf Jacks Gesicht lag, verblasste, als er sie sah.

"Was ist passiert?", fragte er und klang dabei besorgt.

"Da draußen steht ein Haufen wie Mädchen kichernder Männer, die Wetten darauf abschließen, mit wem ich Sex haben werde", quiekte sie. Selbst in ihren Ohren war ihre Tonlage zu hoch und ein klein bisschen hysterisch.

Jacks Miene hingegen entspannte sich, er kam die letzten Schritte auf sie zu. Er zog sie in seine Arme und drückte seine Lippen auf ihren Scheitel. Sie spürte sein Lächeln an ihrer Kopfhaut.

"Das ist ganz normal. Man gewöhnt sich an diesen zeitweise kindischen Haufen. Und hey, sieh es mal so, wenn sie dir diese Seite zeigen, heißt das nur, dass sie dich mögen und in ihrer Gruppe aufgenommen haben."

"Verstehe ich nicht", murmelte sie, ein wenig ruhiger und eindeutig von seiner Nähe abgelenkt.

"Na, sonst laufen sie doch alle immer mit diesem Mafiablick durch die Gegend."

Er hatte recht. Die meisten von ihnen waren sehr ernste Geschäftsmänner. Ganz anders, als wenn sie sich in diesem Rudel bewegten.

Jacks streichelnde Hand auf ihrem Rücken riss sie aus ihren Gedanken. Seine warmen starken Arme fühlten sich gut an und sein Geruch war betörend.

"Wie wäre es jetzt mit einer Hausführung?", murmelte er in ihren Haaren.

"Aber sie denken …"

"Genau das Richtige. Na und? Wir sind alle erwachsen und glaub mir, Tina, von denen ist keiner die Unschuld vom Lande. Bei einigen bin ich mir sogar sehr sicher, dass sie öfter Sex haben, als ich überhaupt daran denke."

Er löste sich ein kleines Stück von ihr und legte ihr gleich darauf den Arm um die Schultern.

"So, das hier ist die Küche." Er zog sie weiter durch die Tür. "Der Flur … wunderschöne Treppe … und hier ist auch schon mein Zimmer", sagte er und schob sie durch eine Holztür. Er schloss sie gleich hinter ihnen, wirbelte Tina herum und drückte seine Lippen stürmisch auf ihre.

"Schönes Haus, nicht wahr", flüsterte er schwer atmend, nachdem er seine Lippen wieder von ihren getrennt hatte.

"Das wenige, was ich gesehen habe, ja."

"Ich hab noch ein sehr wichtiges Date, daher musste es jetzt ein wenig schneller gehen."

Date? Ist das sein Ernst?

"Schau nicht so geschockt, Süße. Nur mir dir und meinem Bett. Das ist übrigens so bequem, du musst es einfach mal testen." Er lächelte und sie entspannte sich wieder.

Erneut legte er seine unglaublich weichen Lippen auf ihre. Weicher dieses Mal. Sanft drängte er sie rückwärts zu seinem Bett, während seine Zunge über ihre Lippen strich.

Als seine Hände nach ihrem Po griffen, stöhnte sie auf. Seine Berührungen waren perfekt und erregten sie mehr, als sie sich jemals hätte erträumen lassen.

Erschrocken keuchte sie auf, als die Bettkante sie aus dem Gleichgewicht brachte und sie mit dem Rücken aufs Bett fiel. Jack landete über ihr und lächelte mit vor Verlangen trüben Augen auf sie hinab.

"Und, zu viel versprochen?", raunte er.

"Ganz und gar nicht. Aber man soll nicht mit Jeans ins Bett gehen", flüsterte sie.

Er beugte sich zu ihr, doch statt sie wie erwartet zu küssen, legte er seine Lippen auf ihren Hals und malte mit seiner Zunge Muster auf ihre Haut. Jede Berührung brannte wie Feuer in ihren Adern.

Sie konnte keine Sekunde mehr warten, brauchte einfach mehr von ihm. Ungeduldig zerrte sie an seinem Pullover und er half ihr, ihn auszuziehen.

Gleich darauf widmete Tina sich seinem Gürtel.

"Du hast es eilig", lachte er und knabberte an ihrem Hals, anstatt ihr zu helfen. Stöhnend griff sie in seine Shorts und drückte seinen vollkommen erigierten Schwanz.

"Ja, und du auch", lächelte sie, nachdem er anfing, sich in ihrer Hand zu bewegen.

"Technisches Foul", stöhnte er und griff nach ihrer Brust. Er drückte sie sanft, massierte sie, während Tina sich selbst die Hose öffnete. Besonders geduldig war sie einfach noch nie gewesen und jede seiner Berührungen ließen ihre Erregung nur noch weiter anschwellen.

Er öffnete ihre schwarze Bluse Knopf für Knopf, bis er den schwarzen Spitzen-BH frei gelegt hatte.

"Sie sind perfekt. Genau, wie ich sie mir immer wieder vorgestellt habe", raunte er und umschloss eine der harten Spitzen durch den Stoff mit seinen Lippen. Die Kombination seiner Lippen und dem rauen Stoff war beinahe zu viel für sie. Ungeduldig strampelte sie sich Hose und Slip von den Beinen.

Sie spürte sein Lächeln an ihrer Brust. Dann schob er eine Hand zwischen ihre Beine. Seine Finger streichelten zart über ihre feuchte Mitte. Sie stöhnten gleichermaßen auf, als er zwei seiner Finger in sie schob.

"Fuck … Tina", brummte er , als sie anfing, sich an seinem Handballen zu reiben. Die Spannung war einfach unerträglich und sie brauchte die Erlösung. Jetzt!

"Noch nicht …", knurrte er und entzog ihr seine Hand.

Er setzte sich auf und zog sich vollständig aus. Dann ging er zu einem Koffer und brachte eine neue Packung Kondome mit zurück zum Bett.

Ein wunderschöner, perfekter, durchtrainierter Körper. Schlank und sehnig. Athletisch. Perfekt. Eigentlich zu perfekt, um etwas an ihr finden zu können. Eigentlich war er eher der Typ Mann, der auf gertenschlanke Strandschönheiten stehen sollte anstatt auf einen molligen Bücherwurm wie sie.

Seine beeindruckende Erektion ließ aber auf anderes schließen. Warum auch immer, er schien sie wirklich zu begehren. Gut so, denn im Moment wünschte sie sich nichts sehnlicher, als ihn endlich in sich zu spüren.

Er blieb vor dem Bett stehen und betrachtete sie. Es war ihr unangenehm, da sie ihre Schwachstellen nur allzu genau kannte.

Um seinen Blicken zu entgehen, setzte sie sich auf und nahm ihm die Schachtel ab. Sein Brustkorb hob und senkte sich und die Spitze seines Schwanzes glänzte feucht.

Nachdem sie das Kondom ausgepackt hatte, griff sie nach seinem Schwanz. Stöhnend ließ er seinen Kopf in den Nacken fallen, während sie ihm das Kondom überstreifte.

Kaum hatte sie es geschafft, entzog er sich ihr und drückte ihren Oberkörper zurück auf das Bett. Er legte sich neben sie und begann erneut, ihre Schenkel zu streicheln und ihr Dekolleté zu küssen.

Jede Berührung wurde zur Qual und das Ziehen in ihrem Unterleib unerträglich. Sie drehte sich ebenfalls auf die Seite und legte ein Bein über seine Hüfte.

Ihre nasse Mitte glitt über seinen Schwanz und Jack griff fest nach ihrem Po.

"Komm endlich", keuchte sie, da sie diese Folter nicht länger ertragen konnte. Stöhnend griff er zwischen ihre Beine und schob seinen Schwanz in sie.

Zentimeter für Zentimeter dehnte er sie, bis er ganz in ihr war.

Er war groß und füllte sie aus. Nichts hatte sich jemals besser angefühlt, als zu spüren, wie er ganz langsam aus ihr heraus und wieder in sie glitt, während er ihren Po mit festem Griff knetete.

Das Ziehen in ihr verstärkte sich Stoß um Stoß und sie wünschte sich, ihn noch tiefer in sich spüren zu können.

JACK

Sie war perfekt. Passte perfekt. Fühlte sich perfekt an. Er wollte mehr von ihr spüren, sehen, schmecken und vor allem mehr Bewegungsspielraum.

Sein Griff wurde fester und er drehte sich schwungvoll auf den Rücken, sodass sie auf ihm zum Liegen kam. Ihr erschrockenes Keuchen ging in ein Stöhnen über, als er einige Male kräftig in sie stieß.

"Reite mich", bat er, weil er noch tiefer in sie wollte.

Sie stöhnte und richtete sich langsam auf. Ihr Pulsieren um sich herum zu spüren, fühlte sich unendlich gut an und jedes kleine bisschen, das er tiefer in sie glitt, trieb ihn noch weiter in den Wahnsinn.

Als sie sich ganz senkrecht auf ihn gesetzt hatte, begann sie, ihr Becken kreisen zu lassen. Sie sah atemberaubend aus, aber Jack wollte mehr von ihrem prachtvollen Körper sehen.

Er hob seine Hände und öffnete einige der Knöpfe ihrer Bluse. Sie verspannte sich ein wenig.

"Ich will dich sehen, Kleines, komm schon, entspann dich", brummte er, presste seinen Handballen auf ihre Klit und ließ ihn leicht rotieren.

Es funktionierte. Tina ließ ihren Kopf stöhnend in den Nacken fallen und nahm die Bewegung ihrer herrlichen Hüften wieder auf.

"Yeah, Baby", knurrte er und stieß von unten in sie, während er versuchte, sich auf die letzten Knöpfe ihrer Bluse zu konzentrieren. Gar nicht so einfach, wenn sie ihren Prachtkörper auf ihm bewegte und ihre heiße Enge um ihn zuckte.

Er setzte sich auf, griff in ihre blonden Locken und zog sie für einen Kuss an sich. Er war gierig, leidenschaftlich und hart.

Er zog ihr die Bluse aus und streifte ihr anschließend den BH ab. Als er sich wieder hinlegen wollte, konnte er nicht anders, als einige Male schnell und hart in sie zu stoßen. Sein Orgasmus kam immer näher und Tinas Atemzügen kamen immer keuchender.

Aber er wollte sie sehen. Wollte diesen traumhaften Körper ganz nackt sehen, während sie sich auf ihm bewegte.

An ihren Schultern drückte er sie zurück. Widerwillig tat sie, was er wollte, verspannte sich aber und zog ihren Bauch ein. Er griff nach ihren Hüften und presste sie bis auf den letzten Millimeter auf sich.

Sie keuchte und ihre verhangenen Augen öffneten sich einen Spalt breit. Sein Griff war unerbittlich. Er ließ ihr keinen Millimeter Bewegungsspielraum.

"Hör mir zu, Tina. Du bist wunderschön. Perfekt, genauso wie du bist. Als ich dich das erste Mal durch den Raum habe gehen sehen, konnte ich meine Augen nicht von diesen herrlichen großen Brüsten abwenden. Nacht um Nacht habe ich mir vorgestellt, wie sie nicht bei jedem Schritt, sondern bei jedem Stoß von oben nach unten wogen würden. Also bitte Baby, zeig mir, wie es aussieht, wenn eine richtige Frau sich auf mir bewegt."

Ein kleines Lächeln lag auf ihren Lippen, aber ganz entspannt hatte sie sich noch nicht, also rieb er wieder ihre Klit, während er langsam in sie stieß. Es war Folter pur, aber sie sollte mit ihm kommen.

Reibung um Reibung, Stoß um Stoß entspannte sie sich mehr. Dann endlich ließ sie ihren Kopf in den Nacken fallen, stöhnte und ließ sich gehen.

Ihr Anblick war noch atemberaubender, als er es sich vorgestellt hatte. Anmutig bewegten sich ihre weichen Kurven in Wellen auf ihm. Im Gleichtakt wurden ihre

Bewegungen schnell, bis sie laut stöhnend und um ihn zuckend kam.

Jack folgte ihr nur wenige Stöße später und schrie laut auf.

Sie sackte bebend auf ihm zusammen, ihre Wange auf seiner, ihre Brust hob und senkte sich schnell. Einige Male stieß er noch träge in sie, während er ihren Rücken streichelte. Die Nachbeben ihres Orgasmus fühlten sich atemberaubend an und er könnte noch über Stunden genau so liegen bleiben.

"Das war … ich meine … wow", murmelte sie an seiner Brust.

"Das kannst du laut sagen", gab er schläfrig zurück.

"Mhm … ich sollte gehen."

"Warum?", fragte er und glitt aus ihr.

"Ich muss noch zurück in die Stadt fahren."

"Bist du verrückt, mitten in der Nacht!" Langsam klärte sich sein Verstand.

"Ich kann doch nicht hier bleiben!", sagte sie, stützte sich auf seinem Brustkorb ab und sah ihm schockiert in die Augen.

"Warum nicht?"

"Wie würde das denn aussehen?"

"Wie es bei jedem anderen erwachsenen Menschen auch aussieht."

"Als wären wir ein Paar!"

"Auch Affären bleiben manchmal über Nacht, Süße", sagte er sanft.

"Ich möchte keine Beziehung," sagte sie und rollte sich von ihm.

"Dieses Thema hatten wir bereits. Ich auch nicht, erinnerst du dich?", fragte er, während er ins angrenzende Bad ging, das Kondom entfernte und sich rasch säuberte.

Als er zurück ins Bett schlüpfte, sah sie ihn prüfend an. Ein kleines Lächeln schlich sich auf ihre schönen, weichen Züge. "Stimmt. Wir waren uns einig."

"Was spricht dann dagegen, dass wir tun, was uns

gefällt?" Einen Moment dachte sie noch nach, dann legte sie ihre Wange zurück auf seine nackte Brust.

"Gut so, Kleines", murmelte er, schob seine Hand in ihren Nacken und kraulte sie sanft.

Ihre Atmung wurde langsamer und tiefer. Schließlich schlief sie in seinen Armen ein und auch Jack konnte endlich loslassen und in einen tiefen Schlaf gleiten.

5 EIN KLEIN WENIG …

TINA

Lange hatte sie nicht mehr so gut geschlafen. Jacks lange, starke Arme um sich zu spüren, gab ihr ein herrliches Gefühl von Geborgenheit. Es war schön zu wissen, dass er nicht mehr von ihr wollte als Sex.

In einem kleinen Winkel ihrer selbst tat es aber auch weh. Und das war das letzte Notsignal, dass sie ganz genau auf ihr Herz aufpassen musste.

Jacks liebevolle Art, mit ihr umzugehen, machten es schwer, sich daran zu erinnern, dass er nicht ihr Herz erobern wollte.

"Wie kannst du aufwachen und sofort anfangen, was zur Hölle auch immer zu analysieren?", brummte Jack in ihrem Nacken.

Sie drehte ihnen Kopf und sah in sein verschlafenes Gesicht.

"Deine Arme sind schuld", sagte sie lächelnd.

Statt auf seine hochgezogene Augenbraue zu reagieren, drehte sie sich in seinen Armen und vergrub ihre Nase an seiner Brust.

"Mhm, schon besser", murmelte er und drücke sie fest an sich.

Einige Augenblicke genoss sie noch seine Nähe, dann machte sie sich vorsichtig von ihm los.

"Ich muss los."

"Denk das nächste Mal daran, dein Buch mitzubringen, dann kann ich dich noch ein wenig genießen, während du liest. Schau nicht so verdutzt. Ich weiß genau, was du vor hast", sagte er und ein unwiderstehliches Lächeln breitete sich auf seinem Gesicht aus.

Wortlos beugte sie sich über ihn und tupfte einen kleinen Kuss auf seinen Mundwinkel. Dann raffte sie sich auf und zog sich eilig an. Seine Blicke waren ihr unangenehm. Er musterte sie und Tina war sich nur allzu bewusst, dass sie von perfekt weit entfernt war.

"Wann bekomme ich mein Date?", fragte er, als sie gerade ihre Bluse zuknöpfte.

"Willst du das wirklich riskieren? Eigentlich kann es nur noch schlechter werden."

"Nächsten Samstag. Plan den ganzen Tag ein!", sagte er mit einem siegessicheren Lächeln.

"Kleiner Finger - ganze Hand - Theorie? Muss ich aufpassen, dass du dir nicht zu viel meiner kostbaren Zeit stiehlst?", fragte sie belustigt.

Schwungvoll stand er auf und kam nackt in seiner ganzen wunderschönen Pracht auf sie zu. Wie konnte so ein perfekter Mann nur Single sein und noch dazu an ihr interessiert?

Er blieb direkt vor ihr stehen. Seine Hand unter ihrem Kinn zwang sie dazu, ihren Blick von seinem Bauch zu lösen und in seine Augen zu sehen.

Braun, warm und vollkommen ehrlich.

"Kleiner Finger - ganze Tina. Vertrau mir, du wirst es nicht bereuen", murmelte er verschwörerisch, während er mit seinem Daumen über ihre Unterlippe strich. Er beugte sich über sie und strich mit seinen weichen Lippen über ihre.

"Komm schon, Kleines", raunte er, ehe er fortfuhr, ihre Lippen zu liebkosen.

"Wenn ich nicht bald eine Antwort bekomme, kann ich dich nicht mehr gehen lassen. Ich will dich schon wieder", raunte er und zwickte sie leicht in die Unterlippe.

Antworte! Antworte, Tina, verdammt! Du musst hier raus, bevor du nie wieder gehst!

"Ja", hauchte sie und taumelte einen Schritt zurück, ehe ihre Augen seine fanden. Seine Lider waren halb geschlossen und ein träges Lächeln breitete sich auf seinem Gesicht aus.

"Gut ... und jetzt geh lieber, Süße", sagte er rau. Als sie ihren Blick nach unten wandern ließ, sah sie, das seine Hand sich um seinen erigierten Schwanz gelegt hatte und langsam auf und ab pumpte.

Selten hatte sie ein erregenderes Bild gesehen. Schwer schluckend wandte sie ihren Blick ab und schlüpfte eilig aus dem Raum.

Jack würde sie in den Wahnsinn treiben. Da war sie sich sicher.

JACK

Ihr nicht einfach nachzulaufen und sie zurück in sein Bett zu zerren, war eines der schwersten Dinge, die er sich jemals auferlegt hatte. Aber Tina brauchte Zeit und die wollte er ihr geben.

Sie war sogar noch perfekter, als er sich jemals hätte vorstellen können. In seinen Armen fühlte sie sich an, als würde sie genau dort hingehören. Sie war warm und weich und Jack könnte sich über Stunden an sie schmiegen, wenn er sich nicht gerade in ihr vergraben würde.

Gut gelaunt machte er sich auf den Weg in die Dusche.

Erster Punkt der Tagesordnung: Diese elende Dauerlatte loszuwerden, die er hatte, seit Tina in sein Leben getreten war.

Punkt zwei: Etwas in seinen Magen bekommen, damit

er gestärkt an Punkt drei gehen konnte.

Wie machte man ein Date zu etwas, das die Frau seiner Träume nicht mehr vergessen würde?

Während des Duschens kam ihm bereits die perfekte Idee. Tina würde es lieben! Dieses Date würde das verdammt nochmal beste Date werden, das sie jemals hatte!

6 DAS PERFEKTE DATE

TINA

Bequeme Kleidung. Turnschuhe. Eine leichte Jacke.

Das waren die Anweisungen für das Date mit Jack. Pünktlich um neun Uhr morgens klingelte es an ihrer Haustür.

"Hallo, schöne Frau", sagte er und strahlte sie dabei an.

"Hey Jack." Er sah wieder einmal umwerfend aus. Diese ausgeblichene Jeans betonte seine herrliche Rückansicht perfekt. Das weiße Longsleeve lag eng um seinen schlanken, muskulösen Oberkörper.

"Bereit für den perfekten Tag?"

"Du solltest nicht zu hoch stapeln. Ich werde noch furchtbar enttäuscht sein."

"Oh nein, ich bin mir zu 1000 Prozent sicher", sagte er lachend, nahm ihre Hand und zog sie zum Wagen.

Er sprühte geradezu vor Freude und war richtig aufgedreht.

Am Wagen angekommen, nahm er ihr Gesicht in beide Hände und presste seine Lippen auf ihre, ehe er sie blitzschnell an den Schultern umdrehte.

"Was ...?"

"Vertrau mir", raunte er in ihr Ohr und verband ihr die Augen. Tinas Magen zog sich ein klein wenig zusammen. Um einen Sinn beraubt, fühlte sie sich hilflos und ungelenk, während Jack ihr in den Wagen half.

"Wohin fahren wir?", wollte sie wissen, nachdem er den Motor gestartet hatte.

"Überraschung, Kleines", sagte er, griff nach ihrer Hand und führte sie an seine Lippen.

Ihr Herzschlag beschleunigte sich. Es waren diese kleinen Gesten, die es ihr zunehmend schwerer machten, ihr Herz nicht an ihn zu verlieren.

Leise sang er den Song im Radio mit. Seine Stimme war warm und weich. Sie entspannte sich von Strophe zu Strophe mehr.

"Augenbinde aufbehalten. Wir sind da. Warte, ich komm um den Wagen", riss Jack sie aus ihren Gedanken.

Sie hörte das Schlagen seiner Tür und spürte kurz darauf den kalten Wind, als er ihre Tür öffnete.

Vorsichtig half er ihr aus dem Wagen und ging einige Schritte mit ihr.

Dann stellte er sich hinter sie und legte ihr einen Arm um ihre Mitte.

Die vielen Stimmen und der Lärm irritieren sie, doch ihr blieb keine andere Wahl, als auf Jack zu vertrauen.

"Bereit?", fragte er.

Antworten konnte sie nicht, also nickte sie nur. Mit seiner zweiten Hand löste er die Augenbinde.

Geblendet von der hellen Wintersonne, musste sie einige Male blinzeln, ehe sie etwas erkennen konnte. Dann blinzelte sie noch einmal.

Das konnte doch nicht wahr sein! So perfekt konnte ein einziger Mann nicht sein!

"Newtoner Buchmesse!", hauchte sie ehrfurchtsvoll. Völlig überwältigt lehnte sie sich an ihn. Sog den Anblick der riesigen Willkommensplakate in sich auf.

Hunderte von Menschen strömten durch die

Eingangstüren ins Innere der Hallen.

"Gefällt es dir?", fragte er und sie hörte das Lächeln in seiner Stimme.

"Fishing for Compliments, Jack? Ich bin völlig überwältigt. Sprachlos. Das ist perfekt. Du bist perfekt!"

Dann drehte sie sich zu ihm um, legte ihren Kopf in den Nacken und sah ihm tief in die Augen.

"Danke", sagte sie mit Nachdruck, stellte sich auf die Zehenspitzen und küsste ihn innig. Jack zog sie noch enger an sich und erwiderte den Kuss genauso drängend.

Ihre Gefühle hoben sie empor und erdrückten sie gleichzeitig. Jack schaffte es regelmäßig, ihr den Boden unter den Füßen weg zu ziehen.

"Ich danke dir!", hauchte sie an seinen Lippen, als sie sich schwer atmend von einander lösten.

"Dein Anblick in diesem Moment ist Dank genug. Ich liebe es, dieses Strahlen auf deinem Gesicht zu sehen. Zu wissen, dass ich es dort hin gezaubert habe, macht mich sehr glücklich", flüsterte er und streichelte ihre Wange.

"Und jetzt lass uns reingehen. Wir sind nicht für draußen angezogen."

Er legte ihr einen Arm um die Schultern und führte sie durch die großen Eingangstüren. Die vielen Menschen allein waren überwältigend. Tina war froh, dass Jack sie durch die Menge dirigierte. Allein wäre sie völlig überfordert gewesen. Er schob sie zum ersten Stand, an dem sie sich langsam wieder ein wenig erholte.

Diese Masse an Büchern war atemberaubend. Eine einzige riesige Traumwelt voller Bücher, Autoren, die ihre Errungenschaften signierten, und vielen kleinen Give-aways. Herrlich.

Jack hatte einen großen Rucksack, in dem er jedes ihrer neuen Schätzchen vorsichtig verstaute. Teilweise konnte sie sogar Bücher erwerben, die erst in einigen Wochen auf dem Markt zu haben waren.

Schnell war es Mittag. Tina hatte es nicht bemerkt, so sehr war sie in der Bücherwelt gefangen gewesen.

Jack besorgte ihnen Hotdogs und etwas zu trinken und sie setzten sich an den Rand der Halle.

"Ich hab nicht zu viel versprochen, hm?", sagte er grinsend und biss in sein überquellendes Brötchen.

"Hast du nicht. Ich bin überwältigt, Jack!"

Er sah so ekelhaft selbstzufrieden aus, dass Tina ihn einfach in die Seite knuffen musste. Er lachte laut auf und seine Augen blitzten. Dann legte er ihr einen Arm um die Schultern und zog sie an sich.

Auch der Rest dieses perfekten Tages verging wie im Flug. Abends um sechs schleppte sie sich völlig erschöpft zum Wagen.

Jacks Lächeln war weich, als er den Wagen zurück auf die Straße lenkte. Das war das letzte, was Tina mitbekam, ehe ihr die Augen zufielen und sie erschöpft, aber glücklich einschlief.

JACK

Im Halbschlaf taumelte Tina durch ihre Wohnungstür. Jack nutzte die Gelegenheit und schlüpfte hinter ihr in die Wohnung.

Das Wohnzimmer war klein und an jeder verfügbaren Wand stand ein deckenhohes Bücherregal, das aus allen Nähten platzte.

Auch sämtliche Ablageflächen waren voll mit kleinen Stapeln Bücher.

Tina taumelte durch eine Tür ins Schlafzimmer. Das Bild war das Gleiche, nur das hier in der Raummitte keine Couch, sondern ein Bett stand. Sie zog sich bis auf den pinken Slip aus und schlüpfte dann in ein riesiges weißes T-Shirt.

"Oh, Jack! Warum hast du nichts gesagt!", sagte sie erschrocken, als sie sich wieder umwandte.

"Ich hab die Show genossen", sagte er lächelnd, dann las er den Schriftzug.

"Keep calm and love Bookboyfriends?", fragte er belustigt. Stöhnend verdrehte Tina ihre Augen und kroch unter die Decke.

"Männer in Büchern sind einfach besser als echte", murmelte sie und rollte sich auf der Seite zusammen.

"Besser als ich?", fragte er, zog sich in Windeseile aus und schlüpfte zu ihr unter die Decke.

"Du kommst nah dran", flüsterte sie schläfrig, als er sie an seine Brust zog.

Lange streichelte er ihren Rücken, während sie bereits tief und fest schlief. Er konnte sein Glück kaum fassen. Konnte es wirklich sein, dass er zweimal in seinem Leben das Glück haben sollte, die perfekte Frau kennenzulernen? Womit hatte er das verdient?

Durfte er mit ihr zusammen sein, obwohl er bereits wusste, dass er ihr niemals alles würde geben können? Die junge, schöne Frau in seinen Armen hatte definitiv mehr verdient, aber solange sie nicht mehr wollte, würde er sich dieser Illusion eines perfekten Lebens hingeben.

7 NICE TIME

JACK

Am nächsten Morgen entschied er spontan, erst einmal zu bleiben. Auch wenn Tina etwas überrumpelt und ratlos wirkte.

Schweigend frühstückten sie mit einander. Viel Konversation wäre nicht möglich gewesen, da sie ihre Nase in der Sonntagszeitung vergrub, nachdem er ihr versichert hatte, dass sie alles wie immer machen sollte.

Er wollte, dass sie sich wohl fühlte, damit einer Wiederholung nichts im Wege stand.

Nach dem Frühstück trug sie ihre Tasse Tee ins Wohnzimmer. Etwas ratlos blieb sie neben der Couch stehen.

"Was ist, Süße?", fragte er und legte ihr von hinten einen Arm um die Taille.

"Ich ... ich weiß nicht, was ich jetzt machen soll."

"Was wolltest du tun?"

"Lesen", sagte sie und sah ihn über ihre Schulter hinweg an.

"Also dann, warum nicht?"

"Weil du da bist und es unhöflich wäre."

Jack lachte auf.

"Du fandest es auch nicht unhöflich, mich wegen eines Buches zu versetzen."

"Jack ...", stammelte sie und sah dabei so gequält aus, dass er Mitleid bekam.

"Na gut", lachte er.

"Ich komm heute Abend wieder, okay?"

Ihr Lächeln wurde weicher und sie reckte sich ihm entgegen, als er sie zum Abschied küsste.

Langsam kamen sie auf den richtigen Weg.

Der Tag verging wie im Flug. Mit einer Pizza in der einen und einer Flasche Wein in der anderen Hand, stand er vor Tinas Tür.

"Hey!", strahlte sie und küsste ihn auf die Wange, ehe sie ihm die Mitbringsel abnahm.

Nach dem Essen machten sie es sich auf der Couch gemütlich.

"Dein Buch schon durch?", fragte er nach einem Schluck Wein.

"Mhm, hab mir ein kurzes ausgesucht", gab sie lächelnd zurück.

Gespielt schockiert riss Jack seine Augen auf.

"Du hast den Plan geändert?"

"Ich hatte etwas in Aussicht, wofür es sich lohnt", sagte sie und setzte sich rittlings auf seinen Schoß.

"Oh ja, Baby", murmelte er und presste sie, mit seinen Händen auf ihrem Prachtarsch, an sich.

Sie küsste ihn stürmisch, drängend, mit der gleichen Gier, die in ihm schlummerte. Er streichelte ihre Oberschenkel und ihren herrlichen Po und verfluchte dabei die Hose, die sie trug. Er musste ihre Haut spüren, sofort! Er umfasste sie fester und stand mit ihr zusammen vom Sofa auf.

Quietschend beendete sie den Kuss.

"Gott, Jack! Lass mich runter! Du hebst dir noch einen Bruch!", lachte sie und wand sich.

"Lass mich runter, ich bin zu schwer für dich!"

"Du bist nicht zu schwer für mich, du bist perfekt. Wenn, dann wäre ich zu schwach für dich und das bin ich nicht, Süße", gab er zurück, drückte sie noch fester an sich und versiegelte ihre Lippen mit einem Kuss. Zu schwer war sie bei Weitem nicht. Sie war genau richtig für ihn.

Mit langen Schritten trug er sie ins Schlafzimmer und ließ sich mit ihr zusammen auf das große Bett fallen.

Ihr Kuss wurde leidenschaftlich und drängend. Sie riss an seinem Shirt und auch er wollte endlich ihre Haut spüren.

So schnell er konnte entledigte er sich seiner Kleidung und auch sie konnte es kaum mehr erwarten.

Jack half ihr mit ihrer Hose, ehe er sich wieder auf sie legte und sie innig küsste. Ihre Atmung ging bereits schnell und er spürte ihren abgehackten Atem, als er sich von ihrem Hals zu den prallen Brüsten küsste.

Fest zog er mit seinen Lippen an den harten Spitzen und genoss den Schrei aus Tinas Kehle. Sie griff in sein Haar, riss daran, aber ob hin oder weg, war ihm nicht klar, also saugte er einfach weiter kräftig, während seine Hand sich einen Weg zu ihrer Mitte bahnte.

Sie stöhnten beide, als er seine Finger über ihre feuchte Spalte gleiten ließ. Er ließ seine Lippen über ihren Bauch wandern und ärgerte sich darüber, dass sie sich schon wieder verspannte.

Einfach ablenken, dann vergisst sie diesen Scheiß schon!, dachte er sich und setzte seinen Weg zu ihrer Mitte fort. Genüsslich fuhr er mit seiner Zunge über ihre geschwollenen Lippen. Genoss den salzig-süßen Geschmack. Er leckte an ihr, saugte und labte sich an ihrer Erregung.

Ihre Bewegungen wurden immer unkontrollierter und ihr Innerstes zuckte heftig, als er zwei Finger in ihr vergrub.

"Mein Gott, Jack, nimm mich endlich", bettelte sie und er konnte ihnen beiden diesen Wunsch nicht verwehren.

Er richtete sich auf, doch in dem Moment, in dem er sich auf sie legen wollte, drehte sie sich und krabbelte von ihm weg.

Ihr Prachtarsch schwankte einladend und Jacks Hände griffen ganz automatisch nach ihren Hüften. Er presste sich von hinten an sie und genoss es, ihre heiße Nässe an seinem Schwanz zu spüren.

"Oh nein, du gehst nirgendwo hin!", knurrte er und verstärkte seinen Griff automatisch.

Sie keuchte, drückte ihren Rücken zu einem Hohlkreuz und rieb sich gegen ihn.

"Kondom", murmelte sie, ohne inne zu halten.

"Pille?", fragte er und hatte noch nie so sehr auf ein Ja gehofft.

Sie stockte einen Moment, nickte dann aber. Es blieb keine Zeit, ihre Reaktion zu überdenken. Zu sehr vernebelte das Verlangen nach ihr seinen Verstand. Schnell griff er zwischen sie und schob die Spitze seines zum Bersten gefüllten Schwanzes in sie.

Sie stöhnte und bewegte sich unruhig, während er wieder nach ihren runden Hüfte griff.

Mit einem mächtigen Stoß versenkte er sich bis zur Wurzel in ihr.

Sie schrie laut auf, während er stöhnend seinen Kopf in den Nacken warf. Sie fühlt sich unbeschreiblich an. Heiß, nass, weich umschloss sie ihn und trieb ihn mit jedem einzelnen Zucken ihrer Muskeln mehr in den Wahnsinn.

"Tina ...", brummte er und wusste selbst nicht, ob es Gebet oder Warnung sein sollte.

Er zog sich zurück und stieß abermals hart in sie. Tina keuchte und stöhnte unter jedem seiner kräftigen Stöße.

Ihre Arme knickten weg und ihr Prachtarsch reckte sich ihm dadurch nur noch weiter entgegen. Knurrend stellte er ein Bein aufs Bett, um noch schneller und härter in sie stoßen zu können.

Außer sich vor Begierde, konnte er seine Bewegungen nicht mehr kontrollieren. Genoss es zu sehr, in ihre Enge zu gleiten, ihr Stöhnen und Wimmern zu hören.

Als sein Höhepunkt bereits unaufhaltsam auf ihn zuraste, spürte er ihre Finger an ihrer Spalte. Wie sie hindurch fuhren und sie sich zusätzlich stimulierte.

Der Gedanke daran, wie sie sich selbst zum Orgasmus verhalf, während er in sie hämmerte, riss ihn endgültig über die Klippe.

Auch Tina stöhnte laut seinen Namen und presste sich mit aller Kraft an ihn.

Einen Moment verharrten sie keuchend, ehe sie erschöpft auf dem Bett zusammenbrachen.

"Meine Scheiße, Baby", keuchte er und schmiegte sich an ihren Rücken. Sanft presste er seine Lippen auf ihren Nacken.

"Oh ja ... bleibst du?", fragte sie erschöpft.

"Nichts lieber als das", murmelte er, küsste ihren Nacken abermals und zog die Decke über sie beide.

TINA

Die darauffolgende Zeit mit Jack war perfekt. Er war perfekt. Er verbrachte viele Tage und Nächte bei ihr, weil er sich auf Brandons Farm wie ein Störenfried vorkam.

Trotzdem führten sie keine klassische Beziehung oder zumindest keine eines frisch verliebten Pärchens. Sie verbrachten zwar viel Zeit miteinander, ob nun im Bett oder außerhalb, genauso viel Zeit brauchte aber jeder von ihnen auch für sich.

Tina widmete sie ihren Büchern und Jack seinem Training oder der Suche nach geeigneten Pferden für seinen Betrieb.

Wenn es ihre Zeit zuließ, begleitete sie ihn, einfach nur, um bei ihm zu sein. Jack mochte es, wenn sie einfach nur neben ihm im Auto saß und las, während er die vielen Meilen von Ranch zu Ranch fuhr.

Viele Wochenenden fuhr sie auch mit ihm auf die Farm und saß in eine dicke Decke gewickelt neben dem Reitplatz. Lesend natürlich, während er die Pferde trainierte.

Für sie wurde es zunehmend schwerer, einen klaren Kopf zu bewahren und sich nicht zu tief in ihre Gefühle für Jack zu verstricken. Ob sie es sich eingestehen wollte oder nicht, sie hatte sich in ihn verliebt. Immer wieder versuchte sie, ihrem Herz klar zu machen, dass es keinen Sinn hatte, dass es nichts auf Dauer war, aber ihr Herz schaltete auf stur und wollte immer mehr von ihm.

Zum Fire&Ice Monatstreffen im Februar bestand Jack darauf, dass sie auch mitkam. Er versprach ihr, dass sie viel Spaß haben würden und die anderen Frauen schließlich auch alle da seien.

Tina hatte kein besonderes Interesse daran, mitzugehen. Zum einen waren die Themen nicht sonderlich interessant für sie, da sie keine Mittelalterfestivals besuchte, wie es die Fire&Ice Gruppe tat, zum anderen könnte sie die Zeit deutlich sinnvoller nutzen, indem sie sich ihrer vernachlässigten Leseliste widmete.

Die Aussicht, ein wenig mit ihren Freundinnen zu quatschen, und Jacks Welpenblick hatten sie schließlich überzeugt.

Natürlich waren sie Gesprächsthema Nummer eins, da sie bislang hauptsächlich unter sich geblieben waren.

Die Aufmerksamkeit war ihr unangenehm. Jack schien stoisch alles zu ignorieren. Oder es machte ihm einfach nichts aus, dass so über sie spekuliert wurde.

Konnte es wirklich sein, dass ihm das Getratsche und das Bild, das die anderen von ihnen hatten, ihn völlig kalt ließen?

Der ein oder andere Kommentar der Mitglieder traf sie unerwartet hart. Der Gedanke, dass man sie als leichtes

Mädchen betrachtete, stieß ihr sauer auf.

Aussagen wie Freundschaft Plus, leicht zufrieden zu stellende Affäre oder sogar Fuckbuddy waren noch die netteren Formulierungen.

Natürlich war ihr klar, dass das unter den Männern normaler Umgangston war, aber das war nicht Tinas Welt und sie hätte sich gewünscht, dass Jack dem Ganzen ein Ende setzen würde.

Dieser fachsimpelte aber non-stop mit Alexa und Tom über Dinge, von denen Tina absolut keine Ahnung hatte.

Sie war bereits kurz vor dem Platzen, als sie sich von allen verabschiedeten und mit Jacks Wagen nach Hause fuhren.

Wut und Enttäuschung schnürten ihr die Kehle zu.

"Alles in Ordnung, Süße?", fragte Jack und griff nach ihrer Hand. Das brachte das Fass endgültig zum Überlaufen.

Kraftvoll stieß sie seine Hand beiseite und fauchte: "Lass mich!"

"Whow, whow, was ist denn jetzt los?", fragte er sichtlich irritiert, aber sie brachte kein Wort hervor. Seit Wochen kämpfte sie mit ihren Gefühlen für diesen Mann und er hatte ihr mehr als deutlich gezeigt, wie viel sie ihm Wert war.

Ein unkomplizierter Fick, mehr nicht, sonst hätte er sie doch vor den anderen in Schutz genommen.

"Tina?", fragte er und klang deutlich beunruhigter.

"Bring mich nach Hause!", sagte sie mühsam kontrolliert.

Zehn Minuten von ihrem Zuhause entfernt, hielt er den Wagen am Straßenrand.

"Was ist los?", drängte er.

"Fuckbuddy?", giftete sie.

"Das hab ich nicht gesagt", sagte er und klang nun ebenfalls wütend.

"Du hast sie aber auch nicht korrigiert!"

"Wie denn auch? Was sind wir, Tina?"

"Ich habe keine Ahnung, was das hier ist oder wohin das führt!"

"Nirgendwohin. Das haben wir von Anfang an geklärt!", rief er und sah dabei sogar noch verärgert aus.

"Und warum zum Teufel musste ich dann mit?"

"Warum nicht? Ich dachte, wir tun mal etwas, was uns von Fuckbuddys unterscheidet!", sagte er in ätzendem Ton.

"Nachdem das sowieso nirgendwo hin führt, können wir es ja auch gleich sein lassen. Ich hatte immer Angst, dass ich dir zu wenig bieten könnte, aber du willst noch nicht einmal die Hälfte von dem, was ich dir geben könnte!", sagte sie resignierend und stieg aus dem Auto.

"Fuck!", hörte sie ihn noch fluchen, ehe die Tür ins Schloss fiel.

"Tina! Jetzt warte doch!"

"Ich warte schon mein ganzes Leben, Jack. Ich bin es leid."

"Tina, was soll das? Ich habe dir nie das volle Programm versprochen!"

Ruckartig drehte sie sich zu ihm um.

"Alles, was ich wollte, war ein klein wenig Respekt! Verpiss dich, Jack!"

"Hör mir zu, verdammt! Wir können doch darüber reden! Ich ... ich kann es dir erklären", rief er und packte sie am Arm. In dem Moment jaulte zweimal kurz die Sirene eines Polizeiautos und es hielt neben ihnen am Straßenrand.

"Ist das Ihr Wagen, Sir?"

Irritiert wandte er sich der Streife zu. Tina nutzte die Gelegenheit, riss sich los und lief schnellen Fußes davon.

"Tina! Tina!", rief er, während der Officer sagte: "Sir, Sie parken vor der Feuerwehrzufahrt, bitte fahren Sie sofort den Wagen weg."

Sie hörte sie noch diskutieren und Jacks Rufen und Fluchen, während sie um die nächste Ecke bog.

Sie passierte das *Meets*, eine kleine Kneipe in der Nähe

ihrer Wohnung, und entschied sich, dort Platz zu nehmen.

Sie war bereits einige Male mit Sky hier gewesen.

Donnerstagsrunden, mit einigen ihrer Freunde. Nach Hause konnte sie jetzt nicht. Jack würde dort aufschlagen und sie wollte ihn jetzt nicht sehen. Musste sich erst einmal selbst klarwerden, was sie wollte.

Sie setzte sich an die Bar und bestellte sich ein Glas Rotwein. Ihr Handy begann zu läuten, doch sie ignorierte es. Solang, bis der ein oder andere Gast sie bereits genervt ansah. Dann schaltete sie es aus.

Sie wollte sowieso mit niemandem reden. Zu tief saß der Schmerz über Jacks Verlust.

Sie hatte es gewusst. Immer! Am Ende gab es immer nur die zwei Extreme. Jemand, der alles wollte, inklusive dem Traum einer eigenen Familie, den Tina nicht bieten konnte. Oder jemanden, der sie auf Sex reduzierte.

Natürlich tat es ihm jetzt leid. Einfacher hatte sein Sexleben kaum mehr laufen können. Sekündlich schwankte ihre Stimmung zwischen kochend vor Wut und zu Tode betrübt.

Je mehr Wein sie trank, desto schlimmer wurde es. Irgendwann gingen die Lichter endgültig aus.

8 MISSVERSTÄNDNISSE

JACK

Sie war weg. Wie vom Erdboden verschluckt. Jack hatte die ganze Nacht im Wagen vor ihrem Haus verbracht, um auf sie zu warten. Er hatte all ihre Freundinnen angerufen und die Hälfte der Fire&Ice Mitglieder aufs Übelste beschimpft.

Wie hatte dieses verdammte Gespräch nur so aus dem Ruder laufen können? Er hatte nur für einen Moment Panik bekommen, dass ihrer Ansage gleich die "Ich will ein Baby!"-Ansprache folgen würde. Ehe er sich versah, hatte sie ihn bereits eiskalt abserviert!

Sofort hatte er versucht, das Ruder noch einmal herum zu reißen. Chancenlos!

Er musste mit ihr sprechen. Dieses Missverständnis aufklären. Wenn er in den vergangenen Wochen eins begriffen hatte, dann, dass er sie liebte und notfalls sogar über seinen eigenen Schatten springen konnte, um ihr eine Familie zu geben, wenn es denn unbedingt sein musste.

Alles, nur verlieren durfte er sie nicht!

Inmitten dieser Gedankengänge hielt ein Wagen hinter ihm.

Im Rückspiegel konnte er verfolgen, wie ein großer blonder Mann aus dem Wagen stieg. Er umrundete ihn und half einer Frau ... TINA! beim Aussteigen.

In dem Moment, als er ihr einen Arm um die Schultern legte, brannten Jacks Sicherungen durch. Er sprang aus dem Wagen und rannte auf die beiden zu.

Wie zum Teufel hatte sie ihn so schnell ersetzen können? Ohne weiter nachzudenken, holte er aus und knallte seine Faust in das Gesicht des Unbekannten. Blut spritzte und Tina schrie, während er abermals zuschlug. Bevor er noch einen Treffer platzieren konnte, schob Tina sich vor den Mann und hob abwehrend die Hände, als rechne sie damit, dass Jack auch sie schlagen würde.

Langsam ließ er die Hände sinken und musterte die Frau, der er sein Herz geschenkt hatte. Ob sie es nun wusste oder nicht. Er liebte sie. Verdient hatte sie es sicher nicht. Sie trug noch die Kleidung vom Vortag. Make-up und Haare waren derangiert und hinter ihr stand ein gut aussehender Mann, der sie in aller Herrgottsfrüh nach Hause fuhr.

Wenn das nicht der klassische One-Night-Stand war, wusste er auch nicht weiter.

"Wie konntest du nur", sagte er und verbarg den Ekel und die Wut in seiner Stimme nicht. Dann drehte er sich auf dem Absatz um und lief zu seinem Auto.

Sie rief ihm etwas hinterher, doch ihre Stimme ging im Rauschen des Blutes in seinen Ohren unter.

Mit quietschenden Reifen fuhr er zurück ins Hotel. Er sah nicht nach links oder rechts, als er die Lobby durchquerte und mit dem Aufzug in seinen Stock fuhr.

In seinem Zimmer angekommen, ließ er sich kraftlos auf das Sofa fallen. Die Gedanken an sie raubte ihm die Luft zum Atmen.

Sie hatte ihn ersetzt. Einfach so. Als hätten sie nicht über Monate hinweg Tage und Nächte miteinander geteilt.

Der Schmerz in seinem Herzen war beinahe so schlimm, wie der damals ...

NEIN!, ermahnte er sich selbst. Beides auf einmal wäre zu viel für ihn gewesen.

Tinas Verrat und den Verlust, den er dadurch erleiden musste, trieben ihn bereits über die Grenzen des Erträglichen. Seine Atmung ging immer noch heftig und sein Herz donnerte das Blut durch seine Adern, als wäre er einen Sprint gerannt.

Stöhnend rappelte er sich auf. Er musste seine Gedanken in den Griff kriegen. Dieser Strudel, der sich immer schneller drehte, zog ihn jetzt schon hinab in die Tiefen, aus denen er sich vor 15 Jahren so hart gekämpft hatte.

Er plünderte die Minibar. Trank das erste Fläschchen wahllos auf ex und nahm die anderen mit zur Couch.

Nach der dritten Flasche bemerkte er bereits dieses wohlige warme Kribbeln in seinem Bauch. Seine Gedanken waren nicht weniger quälend, aber immerhin in einem erträglichen Tempo.

Das Klingeln seines Handys ignorierte er und irgendwann schlief er über dem grauenhaften Häufchen Elend, zu dem sein Leben wieder einmal zusammengeschrumpft war, ein.

Jemand hämmerte gegen seinen Kopf. Mit voller Wucht und ohne Gnade. Stöhnend drehte er sich zur Seite und spürte den kratzigen Stoff der Hotelcouch an seiner Wange.

Sofa. Hotelzimmer. Alk. Tina. Stück für Stück rekonstruierte er den Abend, während das Hämmern anhielt.

Aber es war nicht nur sein Schädel, der lauter hämmerte als der Beat eines HipHop Stücks. Jemand schlug gegen die Tür des Hotelzimmers.

In diesem Moment verstummte das heftige Klopfen und die Tür wurde aufgeschlossen.

"Puh! Nochmal Glück gehabt! Ich dachte schon, du würdest mein Hotel genauso verwüsten, wie Ty es getan hatte. Aber du beschränkst dich wenigstens auf dich selbst", sagte sie so laut, dass Jack sich stöhnend die Ohren zu hielt.

"Sky hat mich angerufen. Alexa und Bran kommen heute Nachmittag wieder. Du solltest duschen, damit sie keinen Anfall bekommt, wenn sie dich so sieht. Ich komme in einer Stunde wieder, um nach dir zu sehen."

Damit verschwand die Eiskönigin wieder aus seinem Zimmer.

"Jawohl, Admiral Cathrin Black", murmelte Jack, während er langsam versuchte, sich aufzurichten. Sky hatte recht. Alexa hatte bereits genug um die Ohren, sie sollte sich nicht auch noch um ihn sorgen.

Das Zimmer drehte sich, während er sich in die Dusche schleppte. Das warme Wasser in Verbindung mit seinem Kater und den wiederkehrenden Gedanken drehten ihm den Magen um.

Mit den Händen an der Wand abgestützt, erbrach er sich direkt in der Dusche. Schnell drehte er das Wasser auf kalt. Er fühlte sich elend, körperlich und vor allem emotional.

Er duschte, bis seine Haut taub von der Kälte wurde. Dann schleppte er sich in sein Schlafzimmer. Auf der Suche nach etwas, das er anziehen konnte, ohne dabei an Tina erinnert zu werden.

Schließlich entschied er sich für einen seiner Trainingsanzüge. Das Einzige, was er ausschließlich mit Alexa geteilt hatte.

Nachdem er sich wieder auf das Sofa gelegt hatte, schlief er erneut ein.

Einmal hörte er Cat ins Zimmer kommen. Sie verschwand aber gleich darauf wieder.

Alexas Hand an seiner Wange weckte ihn erneut. Blinzelnd öffnete er die Augen.

"Hey", flüsterte sie und streichelte seine Wange.

Sie kniete neben der Couch und betonte so ihren riesigen Bauch nur zusätzlich.

Ihr Anblick schnürte ihm die Kehle zu und ließ seine Augen brennen. Er hatte so unglaubliche Angst um sie, dass er es kaum noch ertragen konnte, sie anzusehen.

Wortlos streckte er seine Arme aus und zog sie an sich. Hielt sie einfach nur fest, um sich zu vergewissern, dass sie noch da war. Dass es ihr gut ging. Die dritte und letzte Frau, die es jemals bis in sein Herz geschafft hatte, auch noch zu verlieren, würde er nicht überstehen.

"Verlass mich nicht", flüsterte er und spürte die ersten Tränen über seine Wange laufen.

"Was? Nein, Jack! Niemals! Hörst du? Ich brauche dich, Jack. Du bist mein Fels, schon vergessen?"

"Versprich es mir", flehte er und presste sie mit aller Macht an sich.

"Versprochen!", sagte sie so überzeugend, dass Jack ihr glauben würde, wenn er nicht wüsste, dass dem Schicksal niemand entkommen konnte.

"Ich weiß nicht genau, was passiert ist, aber geh zu ihr. Ruf sie an. Sprich mit ihr."

"Wozu? Sie hat doch schon Ersatz", sagte er mit harter Stimme und löste sich dabei von ihr.

"Sie hat nicht mit Ray geschlafen, wenn es das ist, was du denkst. Er hat sie mitgenommen, weil sie völlig blau war und er sich Sorgen gemacht hatte."

"Sie kennt ihn?"

"Er ist ein Freund von Sky."

"Warum ist sie nicht nach Hause gekommen?"

Alexa wich seinem Blick aus. "Sie wollte dich nicht sehen. Was auch immer da schief gelaufen ist, redet miteinander."

"Vielleicht ist es besser so. Du weißt, dass ich für sowas nicht gemacht bin", sagte er und deutete auf den riesigen Bauch, den er zu ignorieren versuchte.

"Ich auch nicht und dafür läuft es ganz gut", gab sie lächelnd zurück.

Sie legte eine Hand auf ihren großen Babybauch und Jacks Magen krampfte sich zusammen.

Wie konnte es sein, dass gerade sie ihn nicht verstand?

"Was ich immer am meisten an dir mochte, war, dass du mich sein lassen konntest, wie ich bin. Wann hat sich das geändert?", fragte er und wusste im selben Moment, dass er unfair zu ihr war. "Sorry", murmelte er.

Sie lächelte und legte ihm eine Hand auf die Brust. "Ich weiß, Jack. Denk einfach drüber nach."

"Mhm. Ich liebe dich, Al."

"Ich dich auch, Großer", sagte sie lächelnd, legte ihre Wange auf seine Brust und ließ sich von ihm durchs Haar streicheln.

Diese Augenblicke waren selten geworden. Jack vermisste sie, auch wenn er sich im selben Moment wünschte, dass es Tina wäre, die sich an ihn schmiegte.

"Wir fahren heute Abend zurück. Möchtest du mit?"

"Nein. Ich brauche noch etwas Zeit für mich. Warum bist du überhaupt hier?"

"Wir haben gleich einen Termin beim Frauenarzt. Nur zur Kontrolle", schob sie hinterher, als er sich verspannte.

"Wollt ihr wirklich so spät noch fahren?"

"Ja. Frag mich nicht warum, aber es zieht mich ständig zurück zur Farm. Sonst hätte ich auch von vorgestern bis heute in Boston bleiben können."

Die wenigen Minuten, bis ein ungeduldiger Bran an der Tür klopfte, genossen sie einfach nur die Nähe des anderen.

Jack legte sich erneut aufs Sofa, nachdem die beiden gegangen waren. Er fühlte sich furchtbar und hoffte, in ein paar Stunden Schlaf ein wenig Vergessen zu finden.

9 HORROR

JACK

Wieder klingelte sein Handy. Nur dieses Mal hörte es nicht wieder auf. Jack erkannte Chris Nummer auf dem Display. Verwundert hob er ab.

"Jack? Chris hier. Hör zu, du musst sofort ins Krankenhaus kommen. Alexa und Bran hatten einen Autounfall. Alexa ist verletzt und sie machen einen Notkaiserschnitt ..."

Klappernd fiel das Handy zu Boden. Ein Band aus Stahl legte sich um seine Brust und nahm ihm die Luft zum Atmen. Nein, das konnte nicht sein. Das durfte nicht schon wieder passieren!

Er hörte Chris Rufe aus dem Lautsprecher des Handys, ignorierte ihn aber. Mit zittrigen Knien ging er ins Bad und fiel auf die Knie. Er beugte sich über die Toilette. Würgte trocken. Nichts. Ihm war speiübel und dennoch konnte er sich nicht übergeben.

Zitternd lehnte er sich zurück gegen die Badezimmerwand. Shit. Das durfte nicht wahr sein. Dieser Wahnsinn durfte sich kein zweites Mal wiederholen. Er durfte sie nicht verlieren.

Das Atmen fiel ihm zunehmend schwerer. Der Rand seines Sichtfelds verschwamm, als der Horror, den er vor 15 Jahren tief in seiner Seele vergraben hatte, erneut über ihm zusammenbrach.

Kalter Schweiß lief ihm über Stirn und Rücken, während die Vorstellung, dass er Alexa für immer verlieren würde, ihn zunehmend erdrückte.

Der Tod war heimtückisch. Er nahm sich, wen er wollte. Ob jung, ob alt. Gesund oder krank. Er raffte dahin, ohne jegliches System.

"Jack?"

Ihre Stimme.

Langsam hob er den Kopf. Tatsächlich. Er hatte es sich nicht nur eingebildet. Sie war es wirklich.

Vorsichtig kam sie auf ihn zu und ließ sich neben ihm auf die Knie sinken. Er beobachtete jede ihrer geschmeidigen Bewegungen. Saugte ihren Anblick in sich auf.

Es waren nur zwei Tage, die er sie nicht gesehen hatte, und doch kam es ihm vor wie Jahrhunderte. Zögernd streckte sie ihre Hand nach ihm aus.

Jack zögerte nicht. Er zog sie in seine Arme, zwischen seine Beine und vergrub sein Gesicht an ihrer Halsbeuge.

Tief atmete er ihren vertrauten Geruch ein und der Verlust ihrer Nähe wurde ihm noch schmerzhafter bewusst.

Warum musste er jede Frau, die er liebte, irgendwann verlieren?

"Es tut mir so leid. Es tut mir so unendlich leid", murmelte er in ihre Haare und presste sie dabei an sich, als könnte er so verhindern, dass sie ihn verließ.

"Das ist jetzt unwichtig, Jack. Wir werden eine Lösung finden."

"Warum bist du dann hier?"

"Sky hat mich gebeten, nach dir zu sehen, wegen Alexa."

"Nein ... nein ...", stöhnte er und schüttelte den Kopf. Er wollte die schlechten Nachrichten nicht hören.

"Nein, Jack. Es geht ihr gut, hörst du? Sie hat die OP gut überstanden und ist jetzt in der Aufwachphase."

Jacks Herz setzte einen Moment aus. "Sie wird nicht ..."

"Nein. Alles wird gut. Sie und das Baby sind gesund."

"Oh Gott sei Dank!", rief er aus und presste sich noch fester an Tina. Die Erleichterung durchflutete ihn. Wärmte ihn von innen heraus.

"Ja, alles wird gut werden."

"Ich habe gedacht, ich würde sie verlieren. Dass ich schon wieder einen geliebten Menschen loslassen muss", murmelte er an ihrer Haut.

"Kaiserschnitte sind Standardeingriffe", sagte sie sanft. Sie verstand es nicht. Konnte es nicht verstehen.

Tief atmete er durch. Wappnete sich gegen den Schmerz, der kommen würde.

"Cori. Corinna. Meine Frau. Meine erste große Liebe", begann er und bemerkte, wie sie sich in seinen Armen versteifte. Aber er musste es loswerden. Musste sich ihr erklären. Musste die Karten auf den Tisch legen, um ihr sein Verhalten zu erklären in der Hoffnung, dass sie ihnen beiden eine zweite Chance gewähren würde. Egal, unter welchen Bedingungen.

Er räusperte sich und fuhr fort: "Vor 15 Jahren. Am dritten Mai werden es 15 Jahre. Da starb sie. Sie war schwanger. Nicht ganz so weit wie Alexa, aber sie hatte schon einen richtigen Bauch. Es war auch eine Not-Op, aber sie haben es nicht gepackt. Cori ist noch im OP gestorben, sie haben die Blutung nicht zum Stillen gebracht und das Baby ist wenige Stunden später auch gestorben. Es war noch zu klein, um zu überleben. Heute vielleicht. Damals chancenlos."

Erst jetzt fiel ihm auf, dass er begonnen hatte, sie beide zu wiegen.

"Oh Jack, das ist so furchtbar", schluchzte sie. Er spürte ihre Tränen auf seinem Kopf.

"Der Gedanke, dass es Alexa genauso gehen könnte, treibt mich seit Wochen in den Wahnsinn."

"Alles ist gut gegangen."

Er löste sich ein kleines Stück von ihr und sah ihr tief in die Augen.

"Die letzten beiden Tage waren die Hölle für mich, Tina. Ich kann nicht mehr ohne dich sein. Bitte verlass mich nicht. Ich liebe dich!"

Die Tränen begannen wieder schnell über ihre Wangen zu laufen.

"Ich liebe dich auch, Jack. Ich möchte nichts lieber, als den Rest meines Lebens mit dir zu verbringen!"

"Ich möchte dir alles geben, was du dir wünschst, Tina, aber ich weiß nicht, ob ich diese 9 Monate durchstehen kann", sagte er. Allein die Vorstellung, sie könnte schwanger werden, schnürte ihm die Kehle zu.

Ihr Lächeln wurde weich und sie legte ihm eine Hand an die Wange.

"Darum ging es die ganze Zeit, nicht wahr? Du wolltest keine Beziehung, weil das das unweigerliche Ende einer jeden Geschichte wäre. Heirat, Kinder, Haus und Hund?"

"Ich möchte nichts lieber als dich und ich werde alles schaffen, wenn du mir noch eine Chance gibst."

"Natürlich möchte ich, Jack. Ich sehne mich nach einer Beziehung mit dir. Aber ... ich ... ich kann keine Kinder bekommen, Jack. Ich bin genetisch bedingt unfruchtbar. Ich dachte immer, dass ich mich nicht zu sehr auf dich und meine Gefühle für dich einlassen darf, weil du auf Dauer jemanden suchen würdest, der eine Familie mit dir gründet."

"Ich hätte nicht gedacht, dass du noch perfekter sein könntest. Wie kann ein Mensch innerlich und äußerlich so unglaublich schön sein und dazu noch wie für mich gemacht? Ich hatte solche Angst davor, dass du ein Kind haben möchtest, dass der Gedanke, dass es anders sein könnte, gar keinen Platz gefunden hat."

Die Traumfrau in seinen Armen errötete.

Fest presste er seine Lippen auf ihre. Überwältigt von der Macht seiner Gefühle.

Sie hielt mit gleichem Druck dagegen. Küsste ihn genauso leidenschaftlich. Nach und nach wurde der Kuss sanfter, bis es nur noch ein zartes Streicheln ihrer Lippen war.

"Ich liebe dich", flüsterte sie.

"Ich liebe dich so unglaublich fest", gab er zurück und lehnte seine Stirn an ihre.

"Nur wir beide, für den Rest unseres Lebens?"

"Nur wir beide, für den Rest unseres Lebens!", bestätigte sie.

Sie blieben noch eine ganze Weile eng umschlungen sitzen. Sprachen sich aus. Teilten ihre Sorgen und Ängste ebenso wie ihre Wünsche und Träume.

"Wann willst du ins Krankenhaus?", fragte sie nach einer ganzen Zeit.

"Ich brauche noch ein paar Tage", gab er bedrückt zurück.

Schon Alexas letzter Krankenhausaufenthalt hatte ihn an seine Grenzen geführt. Ob er sie schon wieder so schwach und zerbrechlich sehen konnte, wusste er nicht.

Zuerst musste er sich ein klein wenig von dem Schock erholen.

"Soll ich ihr Bescheid geben?", fragte sie und sah besorgt drein.

"Nein, Alexa wird wissen, warum ich noch nicht kommen kann und sie wird es Bran erklären. Die Meinung aller anderen interessiert mich ehrlich gesagt nicht."

Tina nickte verstehend und schmiegte sich wieder eng an ihn.

Später gingen sie ins Bett und lagen auch dort eng umschlugen. Manchmal mit einigen Worten. Manchmal in angenehmem Schweigen. Bis sie schließlich genauso einschliefen, wie Jack es sich für die nächsten 70 Jahre wünschte. Eng umschlungen mit seiner Liebsten.

10 EPILOG

JACK

Sonntag, 1. April.

Familie Hill samt Mini-Lia, wie Jack das quirlige kleine Mädchen gern nannte, waren zu Besuch in Boston. Tina hatte ein paar Flächen freigeräumt, sodass sie den gekauften Kuchen zusammen mit ihren Gästen genießen konnten.

Über einen Monat später konnte Jack sich an dem kleinen Mädchen, das sein Patenkind war, wirklich erfreuen, und auch Tina hatte sie fest ins Herz geschlossen.

"Gott Bran! Kannst du das blöde Ding nicht mal ausschalten? Es ist Wochenende, da muss dein Geschäftshandy doch wirklich nicht an sein!"

"Sagt die Frau, deren Arbeit 24/7 geht", lächelte er und nahm ab.

"Shane, was gibt's?"

"ES KOMMT, ES KOMMT!" Tut-tut-tut.

Shane hatte lediglich vier Worte in das Telefon gebrüllt und aufgelegt. Diese dafür so laut, dass jeder im Raum sie gehört hatte.

"Jap, wohl ein bisschen neben der Spur", lächelte Bran und stand auf.

"Und es hörte sich auch nicht an wie ein Aprilscherz", lachte Jack.

"Dann lasst uns mal fahren."

Alexa packte die Kleine in den Kindersitz, während Bran ihre Sachen zusammensuchte.

"Es ist alles in Ordnung, Jack. Wir müssen nicht fahren", sagte Tina sanft und griff nach seiner Hand.

"Oh doch. Maya würde mir das nie verzeihen!", sagte Jack, atmete einmal tief durch und erhob sich vom Sofa.

Die Fahrt verging wie im Flug. Jack betrat mit schweißnassen Händen und fest an Tina geklammert das Krankenhaus.

"ES KOMMT!", schrie Shane, als er sie auf dem Flur entdeckte. Keine Spur von dem lustigen Sunnyboy. Shane sah wirklich fertig aus, während die Krankenschwester ihm einen Kittel überzog.

Mayas markerschütternder Schrei ließ Jack zusammenfahren und auch Tina neben ihm zuckte.

"Heilige Scheiße! Gut, dass ich keins bekommen muss!", flüsterte sie schockiert und Jack nickte heftig. Viele ihrer Freunde waren bereits da und sahen nicht weniger beängstigt aus.

Shane betrat den Kreissaal und viele wirklich unschöne Verwünschungen prasselten von Maya auf ihn ein.

Die Vier setzten sich zu den anderen in den Warteraum. Lia wurde sofort von Sky in Beschlag genommen.

Wieder ein lauter Schrei, dann schepperte etwas kräftig und lauter Tumult entstand. Jacks Magen zog sich zusammen, als eine der Schwestern ihren Kopf aus dem Kreissaal steckte und nach Hilfe schrie.

"Shit ...", murmelte er, doch ehe er sich weiter hineinsteigern konnte, wurde ein bewusstloser Shane aus dem Kreissaal geschleppt.

"Wie kannst du mir das antun, Shane Carter!", brüllte Maya, ehe wieder einer dieser Höllenschreie über ihre Lippen kam. Dieses Mal dauerte er länger und ließ Jack sämtliche Haare zu Berge stehen.

Das schadenfrohe Grinsen, das auf einigen Gesichter gelegen hatte, seit Shane sich so galant aus der Szene gezogen hatte, erlosch ebenfalls nach und nach. Stille kehrte ein und Shane taumelte zeitgleich mit dem ersten Schrei des Babys zurück in den Kreissaal.

"Das wird er sich bis zum Ende seines Lebens anhören müssen!", prophezeite Sky.

"Nicht nur von Maya", sagte Jason lachend und alle stimmten ihm zu.

Eine ganze Zeitlang später kam der überstolze Papa mit dem kleinen Zwerg, der in eine viel zu große hellblaue Decke gewickelt war, zu den anderen.

"Das ist er!", lächelte Shane und zeigte den putzmunteren kleinen Jungen in die Runde.

"Wie werdet ihr ihn nennen?", fragte Jack, der sich an all die kleinen Würmer in seinem Umfeld wirklich gewöhnen könnte. Solange es nicht seine waren!

Tina schmiegte sich an seinen Arm.

"Ich liebe dich", flüsterte sie. Jack küsste ihre Stirn.

"Ich liebe dich mehr." Ehe Tina etwas sagen konnte, hatte Shane seine Sprache wieder gefunden.

"Noa", sagte Shane und in seinem Blick lag die pure Liebe. "Noa Carter."

--ENDE--

Sweet like Candy

Liebesroman

Allie Kinsley

Cover Foto: bigstockphoto, George Mayer

Buchcover: © Cover Art by jdesign.at

Lektorat: Brunhilde Witthaut

Printversion:

ISBN: 1500135798

ISBN-13: 978-1500135799

1 NEW LIFE

CANDY

"Hi, ich bin Candy Jones. Ich bin 22 Jahre alt und studiere im ersten Semester Wirtschaft", sprudelte sie mit klopfendem Herzen ihren Text heraus. Sie hasste diese Vorstellungsrunden! Vollkommen überflüssig. Weder der Professor noch die 35 Studenten in seinem Kurs konnten sich so viele Namen merken. Aufzustehen und sich von allen begaffen zu lassen, setzte dem Ganzen noch die Krone auf.

Sie war wirklich alles andere als ein scheues Mäuschen, trotzdem beschleunigte sich in solchen Momenten ihr Herz auf maximale Leistung. Das Ganze würde sich wieder ein wenig legen, wenn sie ihre Kommilitonen ein bisschen kennengelernt hatte. Aber im Moment waren sie einfach alle fremd.

Nicht nur die anderen Studenten. Auch der Professor. Die Universität. Ihre neue WG. Ihr Mitbewohner. Und schließlich sogar die Stadt. Sie war von New York nach Boston gezogen. Weit weg von zuhause.

"Wow, Candy ist ein cooler Name. So würde ich auch gern heißen", sagte ein Mädchen mit kinnlangen braunen Haaren neben ihr. Sie selbst hätte auch gerne solch einen Bob, aber ihre blonden Locken standen in alle Richtungen, sobald sie sie kürzer als schulterlang trug.

"Äh, hi, sorry, ich hab deinen Namen nicht mitbekommen, war irgendwie in Gedanken", antwortete sie leicht verspätet.

"Kein Problem, war bestimmt was Wichtiges", antwortete ihre Banknachbarin gut gelaunt. Eigentlich war es überhaupt nichts Wichtiges, aber sie wollte der guten Seele neben sich nicht ihre rosaroten Illusionen über die Menschheit nehmen. Also lächelte sie einfach und Bobby schien es so hinzunehmen.

"Mein Name ist Sarah", plapperte Bobby weiter.

"Freut mich, Sarah. Und ja, wir können gern Namen tauschen. Glaub mir, es ist nicht so toll, so einen Namen zu haben."

"Warum?"

"Weil man deswegen ständig blöd angequatscht wird."

Candy erkannte erst, was genau sie da gerade gesagt hatte, als Sarah zusammenzuckte. Scheiße! Warum zum Teufel musste ihr Mund auch immer schneller sein als ihr Kopf?

"Hey, das war jetzt nicht auf dich bezogen oder so. Also, ähm, ich meinte damit eigentlich, von Typen doof angemacht zu werden."

Ganz toll gemacht, Candy! Wieder eine rosa Welt mit deinen riesigen Fettnapftretern zerstört!

Sarah versuchte zwar noch zu lächeln, aber Candy wusste, dass Sarah sie jetzt für ziemlich schräg hielt. Ganz leicht war es für Candy nicht, neue Menschen kennenzulernen.

Die meisten Leute verstanden ihre Art Humor einfach nicht. Ihre Blicke sagten dann immerzu: "So süß sie auch aussieht, irgendwie ist dieses Mädchen seltsam."

Und dass sie süß aussah, war Candy nur allzu bewusst. Sie hatte lange blonde Locken und strahlend blaue Augen. Groß und ausdrucksstark, mit dichten schwarzen Wimpern. Eine kleine Stupsnase und volle, rosa Lippen. Mit 1,60 m Körpergröße war sie zwar bei weitem kein Modeltyp, aber ihre Figur kam bei den Männer immer gut an. Außen Hui, innen Pfui, aber das brauchte ja niemand zu wissen.

Da sie neu in der Stadt war und dringend eine Freundin gebrauchen konnte, versuchte sie, Sarah doch noch für sich zu gewinnen.

"Hey, sag mal, Lust auf einen Kaffee, nach der Vorlesung?"

"Sorry, keine Zeit. Vielleicht ein andermal, okay?", antwortete Sarah, aber Candy war sich da nicht so sicher. Prinzipiell hätte sie das nicht ganz so schlimm gefunden, aber irgendwie fühlte sie sich im Moment doch einsam.

Ihr Mitbewohner, den sie zwar erst seit zwei Wochen kannte und dennoch bereits vermisste, war am Wochenende für sechs Wochen zu seinem Auslandspraktikum aufgebrochen.

Julien und sie hatten sich von Anfang an gut verstanden. Er besaß definitiv die gleiche Art Humor wie sie. Er hatte auch nicht einen doofen Spruch über ihren Namen gebracht. Schade, aber diese sechs Wochen würde sie einfach mit Lernen und Arbeiten überbrücken. Die Stadt unsicher machen konnte sie auch noch, wenn Julien wieder da war.

Sie brauchte überhaupt keine neue Freundin. *Was sind schon sechs Wochen!* Deutlich besser gelaunt ging sie aus dem Klassenraum.

Die dritte und letzte Vorlesungsrunde für den heutigen Tag also auch geschafft. Puh.

Gut, dass der Montag immer so kurz sein würde, denn er zählte eindeutig nicht zu ihren Lieblingstagen in der Woche. Montag war gleichbedeutend mit: 'Dein Wochenende ist vorbei' oder 'Es sind noch fünf ganze

Tage, bis dein Leben wieder beginnt'.

Schule und Studium waren die Hölle für Candy. Warum sie sich das dann antat? Ganz einfach, sie würde alles tun, um nicht so zu enden wie ihre Mutter. Aber das ... Themawechsel! Das hier war Boston, nicht New York!

Also fand sie es nur passend, dass der schlimmste Tag der Woche auch der kürzeste sein sollte. Als sie das Universitätsgebäude verließ, schüttete es in Strömen. *Schöne Scheiße! Okay, also Bücher unter die Jacke und los!*

Candy rannte so schnell sie konnte quer über den Campus. Sie war mehr als froh darüber, heute früh Chucks anstatt Highheels gewählt zu haben. In Highheels über einen Kopfsteinpflasterplatz zu rennen, hätte mindestens einen gebrochenen Knochen zur Folge gehabt!

Klatschnass und durchgefroren kam sie schließlich in ihrer neuen Bleibe an. Hier konnte nur noch eine heiße Dusche helfen. Schnell streifte sie sich sämtliche Klamotten ab und warf sie in den Wäschekorb neben der Dusche.

Candy mochte ihr neues Bad. Es war zwar klein und sie musste es mit Julien teilen, aber es war sauber und hatte alles, was man benötigte. Gegenüber dem Waschbecken in dem länglichen, weiß gefliesten Raum standen sowohl Badewanne als auch Dusche.

Das warme Wasser fühlte sich unglaublich gut auf ihrer Haut an. In ihren Augen leider nicht. Eine ihrer Kontaktlinsen suchte im Wasserstrom das Weite und verschwand auf Nimmerwiedersehen im Abfluss.

Scheiße!

Sie trocknete sich ab, entsorgte auch die zweite Linse und band sich dann die Haare zu einem unordentlichen Knoten. Das Gefühl von nassen Haaren, die in ihrem Nacken klebten, konnte sie absolut nicht ausstehen! Die große schwarze Brille auf der kleinen Nase, lief sie in ihr Schlafzimmer, das gleich nebenan lag.

Vom ersten Tag an, an dem sie die Wohnung betreten hatte, stand unwiderruflich fest, dass dieses Zimmer renoviert werden musste! Es war kalt, steril. Weiße Wände ohne ein einziges Bild. Rechts von der Tür stand ein etwas breiteres Bett mit schlichtem Metallrahmen. Ein kleiner Nachttisch direkt daneben.

Unter dem großen Fenster mit Blick auf den Campus stand ein weißer Schreibtisch, an dem sie ihre Studienarbeiten erledigen konnte. Die gesamte linke Seite des Raumes nahm ein ziemlich großer Kleiderschrank mit weißen Schiebetüren ein, der mehr als genug Platz für ihre Kleidung bot, obwohl sogar noch einiges von Julien darin hing.

Candy war einfach nur froh gewesen, eine günstige möblierte Wohnung zu bekommen. Diese hier war noch nicht einmal ausgeschrieben gewesen. Sie hatte die Angebote am Schwarzen Brett der Uni studiert, als Julien sie ansprach.

Julien war in mehr als einer Hinsicht ein Glückstreffer. Sie verstanden sich hervorragend. Er machte sich nicht an sie heran. Die Wohnung war der Hammer! Ihr neuer Mitbewohner war sogar sehr erpicht darauf, dass alles immer pikobello war. Das waren dann klassische 5 Sterne für den besten Mitbewohner, den man sich wünschen konnte!

In ihrem rosa Nickischlafanzug gehüllt, machte sie es sich schließlich auf dem Sofa gemütlich.

JUSTIN

Endlich zuhause!

Nach einem Auslandssemester in Spanien mit anschließendem Kurzpraktikum freute sich Justin darauf, endlich wieder in seine Wohnung zu kommen. Es war nicht das erste Mal, dass er für längere Zeit im Ausland war, aber es hatte ihn in diesem Jahr besonders zurück gezogen.

Er hatte seinen Aufenthalt nicht mal für einen kleinen Urlaub im Anschluss verlängert, wie er es sonst gern tat.

Das war gut, so konnte er direkt mit dem nächsten Semester weiter machen, ohne allzu viel verpasst zu haben.

In dem kleinen Flur seiner Wohnung ließ er seine Reisetasche auf den Boden fallen. Zog sich die Schuhe aus und stiefelte dann endlich in sein Wohnzimmer ... in dem eine ihm unbekannte Frau saß.

Eine sehr schöne Frau, wenn auch äußerst seltsam gekleidet. Welche Frau trug schon am frühen Nachmittag einen Schlafanzug auf einem Sofa, das ihr nicht gehörte? Und das in einer Wohnung, in der sie nur vorübergehend verweilen konnte. So war nun mal die Regel: Keine Frau durfte sich länger als 24 Stunden am Stück in seinen vier Wänden aufhalten.

"Hey", sagte er also, was ihrerseits mit einem trommelfellzerstörenden Schrei quittiert wurde. Sie sprang hektisch auf und verteilte den Inhalt ihrer Tasse auf seinem Echtholzparkett.

Schöne Scheiße! Weiber!

Zu guter Letzt warf sie alle in ihrer Reichweite stehenden Gegenstände auf ihn, während sie immerfort hysterisch kreischte.

Das Buch, das seinen Kopf nur knapp verfehlte, gab ihm schließlich die Motivation zu handeln.

In zwei langen Sätzen war er bei ihr, packte die wild um sich schlagenden Arme und drehte sie auf ihren Rücken. Blondie taumelte und prallte gegen seine Brust.

Sie war klein. Ging ihm gerade mal bis zur Schulter. Ihr Puls raste, das spürte er an ihren Handgelenken nur allzu deutlich. Das Kreischen war zwar verstummt, in dem Moment, als sie gegen ihn geprallt war, dafür zitterte sie heftig. Ihr kleiner, wohlgeformter Körper bebte in seinen Armen.

"Schsch", machte er und murmelte dann: "Wo zum Teufel bleibt eigentlich Julien, wenn man ihn mal braucht?"

"Dddduuu keennnnssssst ihhhnn?", stotterte sie leise und ihre Stimme klang sogar sehr angenehm, wenn sie nicht gerade einen Anschlag auf sein Hörvermögen verübte. Weich, harmonisch, einfach schön.

"Ja, wir teilen uns diese Wohnung", antwortete er, wenn auch etwas zeitverzögert. Zu sehr hatte er sich von ihrem Duft ablenken lassen. Sie roch sehr gut, irgendwie zitronig.

"Nein, Julien und ich teilen uns diese Wohnung", sagte sie und klang, als hätte sie sich langsam wieder erholt. Loslassen würde er sie aber noch nicht. Sie fühlte sich in seinen Armen ziemlich gut an.

"Das glaube ich nicht. Das ist meine Wohnung", antwortete er ruhig. Langsam begann sie, sich in seinem Griff zu winden, wollte freikommen. Durch die Bewegung rieb sich ihr Körper an seinem und erzeugte ein ziemlich realistisches Kopfkino über eine sich windende Blondie in seinem Bett.

"Nein. Er hat mir das Zimmer angeboten und gesagt, dass es seine Wohnung sei. Könntest du ... kannst du mich bitte loslassen."

"Nein, zu gefährlich. Und nein, das ist meine Wohnung. Ich kann dir gern die Eigentümerurkunde zeigen", antwortete er schlicht, nicht gewillt, dieses süße Ding schon gehen zu lassen. Vielleicht konnte er seine Ankunft gleich mit ihr feiern.

"Lass mich los! Ich rufe ihn an!", sagte sie und jetzt musste er sie ziehen lassen. Wenn er sie noch fester hielte, würde sie zum Schluss noch blaue Flecken bekommen.

"Lass mal, ich mach das selbst", antwortete er und ließ sich auf das Sofa fallen, damit dieses süße Ding nicht gleich spitz bekam, was für eine Wirkung sie auf ihn hatte.

Mann oh Mann, verdammt heiß, die Kleine!

Er zog sein iPhone aus seiner Jackentasche und wählte Juliens Nummer.

"Meister, was gibt's", meldete dieser sich fröhlich nach dreimaligem Läuten.

"Da steht ein echt süßes Mädchen in meinem Wohnzimmer", sagte er ohne Begrüßung. Besagtes

Mädchen verzog irgendwie angewidert ihr hübsches Gesicht. Warum, konnte Justin sich nicht erklären, er hatte schließlich wirklich freundlich von ihr gesprochen. Blondie sah aber eher drein, als hätte er ihr Schimpfworte an den Kopf geworfen.

Während er auf Juliens Antwort wartete, beobachtete er sie weiter.

"Was machst du daheim?", fragte dieser jetzt mit deutlich weniger lockerem Ton.

"Studieren?", fragte Justin zurück. Was war nur los mit diesem Spinner?

"Warum?", dabei klang er langsam panisch.

"Julien, was soll der Scheiß? Beantworte endlich meine Frage!", herrschte er ihn an. Langsam hatte er wirklich die Schnauze voll von diesem Gespräch und irgendwie roch er, dass hier gerade echt etwas schief lief.

"Normalerweise meldest du dich immer, bevor du zurück kommst!", sagte Julien vorwurfsvoll.

"Das ist meine Wohnung, Julien, ich muss mich nicht ankündigen, wenn ich nach Hause komme. Rück endlich mit der Sprache raus!"

"Hör mal, sieh sie dir doch an! Sie stand da so verloren vor dem Schwarzen Brett. Da dachte ich, ich nehm' sie mit zu mir. Hab ein bisschen Spaß mit ihr und spätestens, wenn ein paar andere Weiber ein und ausgehen, würde sie dann von selber verschwinden", stammelte er.

Ja, süß war sie, da musste er seinem besten Freund recht geben. Und mit nach Hause hätte er sie auch genommen. Aber niemals, wirklich niemals, hätte er sie hier einziehen lassen!

"Sie ist noch da", informierte er ihn knapp.

"Ja, ich hatte sie auch noch nicht. Ist nicht ganz so leicht, wie es scheint."

"Und wie stellst du dir das jetzt vor?"

"Kannst du nicht einfach eine Zeitlang in meinem Zimmer schlafen? Ich überleg mir was!"

"Warte, willst du mir damit sagen, sie bewohnt mein

Zimmer?", fragte er und als er aufsah, bemerkte er, dass die Kleine irgendwie beunruhigt wirkte. Sie sah fast noch süßer aus, wie sie so ihre Finger knetete und ihr spärliches Gewicht von einem Fuß auf den anderen verlagerte.

"Ja, ich werd' sie wieder los, versprochen! In sieben Wochen ist sie weg!"

"SIEBEN??"

"Ja, ich komm ja erst in sechs wieder und ich will sie unbedingt noch vögeln!", jammerte Julien.

"Versteh ich", brummte er und ließ seinen Blick über sie schweifen.

"Nein! Nein, nein! NEIN! Bitte Justin. Lass sie mir! Reiß dich ein verdammtes Mal zusammen, Mann! Bitte! Ich will sie! Und ich hab auch schon zwei Wochen investiert!"

"Hält dich doch keiner davon ab", murmelte Justin, während sich ein träges Lächeln auf sein Gesicht schlich.

"Komm schon, Alter! Du weißt ganz genau, dass ich niemals etwas ficken würde, das du schon hattest!", antwortete Julien und klang ein wenig verzweifelt.

"Für mich bleiben also nur Nachteile."

"Ich leih dir mein Bike. Vier Wochen!"

Vier Wochen Yamaha fahren? "Deal!", sagte er schnell, bevor Julien feststellte, dass er sein Baby gerade gegen ein bisschen Sex eingetauscht hatte.

"Danke Mann! Ich bring das alles wieder in Ordnung, okay?"

"Passt", antwortete Justin und legte auf. Dann wandte er sich an die Frau, mit der er jetzt sieben Wochen verbringen sollte. OHNE sie zu vögeln.

Ich könnte es ja als Forschungsprojekt betrachten ... , sinnierte er, während er sie betrachtete. Dafür war Julien ihm definitiv was schuldig!

Du bist also Platz eins auf der Darf-Mann-Nicht-Ficken-Liste. Verdammte Scheiße! Sieben lange Wochen!

Der Fremde telefonierte mit Julien, während Candy versuchte, sich langsam wieder zu beruhigen. Ihr Herz raste noch immer, auch wenn sie ihre Panik zumindest äußerlich wieder verbergen konnte.

Sie konzentrierte sich auf das Ein- und Ausatmen, um sich zu beruhigen, während sie den Fremden musterte.

Er sah sehr gut aus. Mindestens 1,85 groß, muskulös mit breiten Schultern. Er hatte raspelkurze schwarze Haare. Sehr dunkle Augen, die dicht von schwarzen Wimpern umrahmt wurden, stachen ebenso hervor, wie die schönen, sehr weich aussehenden Lippen. Ein Bartschatten lag auf seinen Wangen, was ihn irgendwie wild und verwegen aussehen ließ. Würde sie sich mehr aus Männern machen, so würde dieser definitiv ins Beuteschema passen.

Rein äußerlich natürlich. Denn er wirkte nicht sonderlich glücklich darüber, dass sie hier wohnte, und die Art, wie er sie immer wieder musterte, ließ es ihr kalt den Rücken hinab laufen. Abschätzend, lüstern, wie bei einer Fleischbeschau.

Irgendwie waren die beiden sich wohl einig geworden, denn Juliens Freund legte grinsend auf.

"So, und du bist jetzt also meine neue Mitbewohnerin", sagte der Mann auf dem Sofa. Sein Blick hatte sich irgendwie verändert. Weniger Begierde, mehr Neugier. Sie entspannte sich ein wenig.

"Ähm ... ja, sieht dann wohl so aus."

"Ich heiße Justin", sagte er.

Der Name passte. Definitiv! Eng sitzende, leicht abgewetzte Blue-Jeans. Ein weißes Shirt und eine ältere Lederjacke. Zusammen mit seinem Gesicht und seiner muskulösen Figur so ziemlich genau das, was Candy sich unter diesem Namen vorstellte.

Unter dem weißen engen T-Shirt konnte man seine ausgeprägte Brust- und Bauchmuskulatur erahnen. Und sie ertappte sich bei dem Gedanken, wie sie sich wohl unter ihren Händen anfühlen würde.

Ein seltsames Lächeln erschien auf seinem Gesicht. Seltsam ... und doch ... heiß!

"Verrätst du mir deinen auch?", fragte er, lehnte sich in die Polster zurück, die Arme auf die Rückenlehne des Sofas platziert. Innerlich wappnete sie sich vor jedem dummen Spruch, der gleich folgen würde.

"Candy", sagte sie schließlich leise.

Er lachte. Volltönend und tief. Es war wie Musik in ihren Ohren, auch wenn er sich über sie lustig machte.

Breit grinsend sagte er schließlich: "Sweet like Candy!"

Mit größtmöglicher Zielsicherheit hatte er sich den schlimmsten Spruch von allen ausgesucht. Sie drehte sich um und floh in die Küche.

Die Küche war genauso steril wie ihr Schlafzimmer ... oder seines, wie sich herausgestellt hatte. Weiße Fliesen, weiße Fronten und eine schwarze Arbeitsplatte. Was nicht schwarz oder weiß war, war aus Edelstahl.

Sie bückte sich, um einen Eimer und Putztücher unter der Spüle hervorzuholen. Der vergossene Tee musste dringend vom Parkett entfernt werden, bevor dieser Schaden nahm. Geld für Reparaturen hatte sie definitiv nicht übrig!

Dank ihres iPods hatte sie den Eindringling nicht kommen hören und sich schließlich so erschreckt, dass sie ihren Tee im hohen Bogen im Wohnzimmer und über sich selbst verteilt hatte.

Scheiße!

Verdammt heiß war der Tee auch noch gewesen. Ihre Hand brannte immer noch wie die Hölle!

Als sie sich wieder aufrichtete, spürte sie jemanden in ihrem Rücken und erschrak fast zu Tode. Sie kreischte, drehte sich blitzschnell um und knallte den Eimer gegen den Störenfried.

Justin. Puh ... klar, wer sonst. Ihr Nervenkostüm hatte sich von dem letzten Adrenalinkick eindeutig noch nicht erholt!

"Musst du immer so kreischen?", sagte er mit vor Schmerz verzogenem Gesicht.

"Musst du dich immer so anschleichen?", gab sie spitz zurück.

Er ging ihr unter die Haut. Stieß sie ab und zog sie zugleich an. Seine Lederjacke hatte er abgelegt. Nur zu gern hätte sie ihre Hände einmal über die muskulösen Oberarme gleiten lassen.

Wie bitte?, fragte sie sich selbst und schüttelte den Gedanken schnell wieder ab. Es musste an den Tätowierungen liegen, die seine gesamten Arme bedeckten. Dank Joey hatte sie ein Faible für die Bilder der Ewigkeit entwickelt!

"Ich schleiche nicht und werde wegen dir auch nicht zu trampeln beginnen. Mann, bist du schreckhaft!", riss Justin sie aus ihren Gedanken.

Ohne ein weiteres Wort drehte sie sich wieder um und ließ Wasser in den Eimer laufen.

Sie würde sich einfach schnellstmöglich eine andere Wohnung suchen. So schön diese auch war und so gut ihr Julien als Mitbewohner auch gefiel. Diesen Ochsen glich nichts aus.

"Bist ziemlich empfindlich, hm?", fragte er so dicht an ihrem Ohr, dass sie zusammen zuckte.

"Lass mich einfach in Ruhe", sagte sie und beschäftigte sich weiter mit dem Putzwasser.

"Du solltest das kühlen", sagte er und griff nach ihrer verbrühten Hand. Wieder kribbelte ihre Haut, als reagierte sie auf den Hautkontakt.

Er stand jetzt direkt hinter ihr, hielt ihre linke Hand am Handgelenk fest und hob mit der anderen den Eimer aus der Spüle. Dann drehte er das Wasser auf kalt und hielt ihre Hand unter den Strahl.

Zuerst tat es weh, doch schon bald nahm die Kälte jedes Gefühl von ihrer Haut.

In dem Maß, in dem der Schmerz nachließ, spürte sie mehr von seiner Gegenwart in ihrem Rücken. Spürte seinen warmen Atem in ihrem Nacken. Seinen festen Griff um ihr Handgelenk.

"Ich sollte den Tee aufwischen", sagte sie irgendwann, nur um einen Grund zu haben, von ihm fort zu kommen. Er war zu nah und es fühlte sich zu gut an.

Langsam löste er sich von ihr, trat einen Schritt zurück, sodass sie sich den Eimer schnappen konnte. Ohne zu ihm aufzusehen, drückte sie sich an ihm vorbei und reinigte den Boden.

"Ich geh dann mal auspacken", sagte ihr neuer Mitbewohner und verschwand nach einem kurzen Abstecher im Flur in Juliens Zimmer.

JUSTIN

Das werden die längsten sieben Wochen meines Lebens!

Candy war der Hammer. Und ganz eindeutig sein Geschmack. Gut, dass er nicht ganz so wählerisch war wie Julien und sein Bruder Mat. Ihm war es herzlich egal, ob Julien eine Frau bereits gevögelt hatte oder nicht.

Das einzige Problem an der ganze Sache war, dass er noch sieben Wochen würde warten müssen. Sieben Wochen, in denen sie ihn mögen musste, aber nicht zu sehr, damit sein bester Freund noch zum Zug kam.

Zum Arsch durfte er aber auch nicht werden, sonst hätte er nach dieser Zeit bestimmt keine Chancen mehr bei ihr.

Als wäre es nicht sowieso schon schwer genug, überhaupt mit einer Frau unter einem Dach zu wohnen.

Diverse Horrorszenarien spielten sich bereits in seinem Kopf ab. Handtücher mit Make-up-Flecken. Lange, blonde Haare im Waschbecken. Kichernder, nicht fickbarer Weiberhaufen im Wohnzimmer. Die Liste ließe sich beliebig fortsetzen. Aber andere Dinge hatten Vorrang!

Einen Plan für die kommenden Wochen erstellen!

Um ein geeignetes Vorgehen festzulegen, musste er sie kennenlernen. Nach dem Duschen würde er ihnen beiden etwas zu Essen kochen. Dann konnten sie sich in aller Ruhe unterhalten.

"Möchtest du auch etwas essen, Candy?", fragte er schließlich durch die Tür seines Zimmers und freute sich wieder diebisch über diesen Namen.

Er erinnerte ihn dauernd an Süßigkeiten – insbesondere an Lollys – was ein ziemlich heftiges Bild von seiner Zunge auf ihrem Körper hervorrief.

Und ihre Zunge auf seinem ... Sieben verdammte Wochen! Reiß dich zusammen!

"Nein danke", antwortete sie. Wie bitte?

"Komm schon, ich koch uns was!"

"Lass nur!"

Hey, sie könnte doch zumindest die Tür öffnen, wenn sie mit mir spricht!

"Dann leiste mir Gesellschaft! Wir werden zusammen leben, da möchte ich schon mehr von dir wissen als deinen Namen. Vielleicht bist du ein Serienkiller und ich wache morgen tot auf!"

Da öffnete sich langsam ihre Tür und Candy lugte durch den Spalt.

"Man kann nicht aufwachen, wenn man tot ist, Justin", sagte sie. Die Art wie sie seinen Namen aussprach, machte ihn unglaublich an.

Eine Hand in der Hosentasche seiner Jeans vergraben, stützte er sich mit dem anderen Unterarm an den Türrahmen und lehnte seine Stirn dagegen. Sein Lächeln kam ganz automatisch.

"Essen?", fragte er. Sie nickte und ging an ihm vorbei in die Küche. Ihr süßer kleiner Po schwang bei jedem Schritt von links nach rechts. Es war nicht ihre Absicht, das sah man genau. Vielleicht gerade deswegen wirkte es noch heißer, als jeder gut geprobte Hüftschwung es jemals konnte.

Da es schnell gehen sollte, beschränkte er sich auf Spagetti mit Tomatensoße. Seine neue Mitbewohnerin saß im Schneidersitz auf einem der Stühle und beobachtete ihn.

"Ich such mir so schnell wie möglich eine andere Wohnung", sagte sie, während er Salz in das Nudelwasser gab.

"Kein Stress. Julien hat diesen ganzen Scheiß verbockt und er wird auch eine Lösung finden. Die nächsten Wochen ist er sowieso nicht da, also kannst du getrost hier wohnen bleiben", antwortete er, während er konzentriert die letzten Reste aus der Tomatenmarktube drückte.

"Danke."

Wieder knete sie nervös ihre kleinen Finger, ihre Haltung war angespannt. Was dachte sie? Dass er ein Monster war und sie jetzt sofort auf die Straße setzte?

Der beste Plan war, sie mit ein wenig Small-Talk aufzulockern. Sie musste zunächst einmal begreifen, dass er kein menschenfressendes Ungetüm war und sie auch nicht beißen würde. Okay, beißen schon, aber jetzt noch nicht, erst wenn sie unter ihm lag und sich in Ekstase wand.

"Passt. Du studierst?"

"Ja, erstes Semester. Wirtschaft. Du auch?"

"Ja, bin aber schon im sechsten."

"Wie alt bist du?", fragte sie. Gut, immerhin fragte sie. Das zeigte doch zumindest, dass sie nicht völlig desinteressiert an ihm war.

"24. Woher kommst du?"

"New York."

"Warum dann Boston?"

"Mal was anderes."

Alles sehr knapp!

Sie unterhielten sich, bis das Essen fertig war. Candy antwortete ihm auf all seine Fragen, aber alles in allem sehr eintönig und ohne ein Wort zu viel. Es kam ihm so vor, als gäbe sie ihm immer die kürzeste Antwort oder wich ihm komplett aus.

"Und deine Familie?", fragte er, als sie die Teller bereits

abgeräumt hatten.

"Lebt in New York. Hör mal, ich bin müde und muss morgen früh raus. Danke fürs Essen und Gute Nacht!", sagte sie und verschwand schnell durch die Tür.

"Gute Nacht!", rief er ihr noch hinterher.

Seltsames Mädchen ...

Lesen Sie weiter in:

Sweet like Candy
Allie Kinsley

Für mein Beta-Team:

*Anna, Constanze, Nina, Sabrina,
Susanne, Tanja.*

Weil ihr all das für mich seid:

*Freunde
Testleser, Versuchskaninchen,
Ideengeber, Zuhörer, Fehlerfinder,
Inspiration, Ansporn, Mutmacher.*

Ihr müsst ziemlich viel mit mir mitmachen und steckt sehr viel Arbeit in meine Bücher.

Dafür danke ich euch von Herzen!

Rechtliches, oder was keiner lesen will und trotzdem drin stehen muss ...

Impressum: Herausgeberin Allie Kinsley, allie.kinsley@web.de. Ladungsfähige Adresse für Deutschland: Jennifer Beck, Rotkreuzstr. 8, 87488 Betzigau.

4371436R00063

Printed in Germany
by Amazon Distribution
GmbH, Leipzig